JN174329

大事なことを 一瞬で 説明できる本

木暮太一

本書を手にとってくださり、**ありがとうございます。**

説明には簡単な「公式」があります。

どんな場面で、どの公式を使うにしても、
心がけていただきたいのは、**「相手の立場」に立つ**こと。

そうすれば、大事なことを
「一瞬で」説明できるようになります。

ダラダラ話したり、とりとめもなく書くのは、
もう**終わりにしましょう！**

本書は、みなさまの必要に応じて、
途中から読んでもご理解いただけるように構成しています。

では、**始まりです！**

はじめに

81・4%、これが何の数字かわかりますか？　この数字は、ビジネスパーソン1000人に「あなたは説明が得意ですか、苦手ですか」と質問したところ、「苦手です」と答えた方の割合です（出典：2013年マイナビニュース会員調査）。つまり、実に8割以上の人が、説明に苦手意識を持っているということです。

部下指導や業務上の連絡など社内でのコミュニケーションから、営業やプレゼンなど社外との交渉まで、ビジネスで「説明」は日常的に行われています。部下が思い通りに動く、会議で周囲が耳を傾けてくれる、営業先で顧客に満足してもらえる……説明力があれば、ビジネスのあらゆる場面で事がスムーズに、スピーディに運びます。

しかし説明は、人によって「うまい」「へた」の差がつきやすい面があります。

みなさんの周囲にも、同じ内容を話しているのに「この人から教わると自然に理解できるなあ」と思う人と、「なんだか頭に入らない」と感じる人がいませんか？

逆に、自分が一生懸命説明しているのに、相手からよくわからないという顔をされたり、伝えたはずのことを聞き返されたりして、内心傷ついた経験はないでしょうか？

ぼくがこの「説明」について考え出したのは、中学校2年生のとき、数学の授業中のことでした。「本当は難しいことじゃないのに、先生はわざと難しく説明しているんじゃないか」――急にそう思えてしまったのです。

ぼくの中学校は、難関校志望の生徒から、授業にすら来ない生徒まで、さまざまなクラスメートがいました。「授業に来ない友達にも、この数学の授業をわかってもらうためにはどうすればいいか」ということを考え始め、**それ以来、約20年以上の間、「わかりやすい説明とはどのようなものか」というテーマを考えてきました**。

大学卒業後、富士フイルム、サイバーエージェント、リクルートの3社を経験して6年半ぐらい前に独立をしました。現在は、本の執筆や、インターネットでの連載を通して、自分の考えていることをどう説明したらいいか、相手を動かすためにはどうすればよいか、そのノウハウをお伝えしています。

また、**フジテレビの情報番組『とくダネ！』にコメンテーターとして出演し、時事問題をわかりやすく説明する役**としてお仕事をさせていただいております。

このように長い間、「説明」と向き合ってきた結果、わかったことがあります。

それは、「説明」とはセンスではなく、科学であるということです。

説明力を磨く、というと、「話がうまいかへたかは生まれつきのセンスだからなあ」などと言って、すぐにあきらめてしまう方がいらっしゃいます。

たとえばテレビでジャーナリストの池上彰さんの説明を聞いたら、誰もが「この人の話はわかりやすいな、すごいな」と思うでしょう。でもそこで、池上さんはセンスがあるからわかりやすいんだ、というふうには思わないでください。

説明は科学です。**わかりづらい説明というのには必ず理由がありますし、わかりやすくする「公式」があります**。そしてそれを身につければ、誰でもわかりやすく説明ができるようになります。

これはコミュニケーションが苦手と感じている方々でも一緒です。性格が明るいから説明がうまい、ということは一切ありません。声の大きさや態度も関係ありません。

まずは、苦手意識を捨てることから始めてください。

2016年5月

木暮太一

大事なことを一瞬で説明できる本

目次

序章 説明がうまくいかないのは理由がある

第1章 説明はつかみが大事！

第2章 説明がうまくなるコツ「整理する力」

第3章 説明で一目置かれるようになる「かみ砕く力」

第4章 最短・最小限の説明で「人を動かす力」を磨く

第5章 短くても、的確に説明する

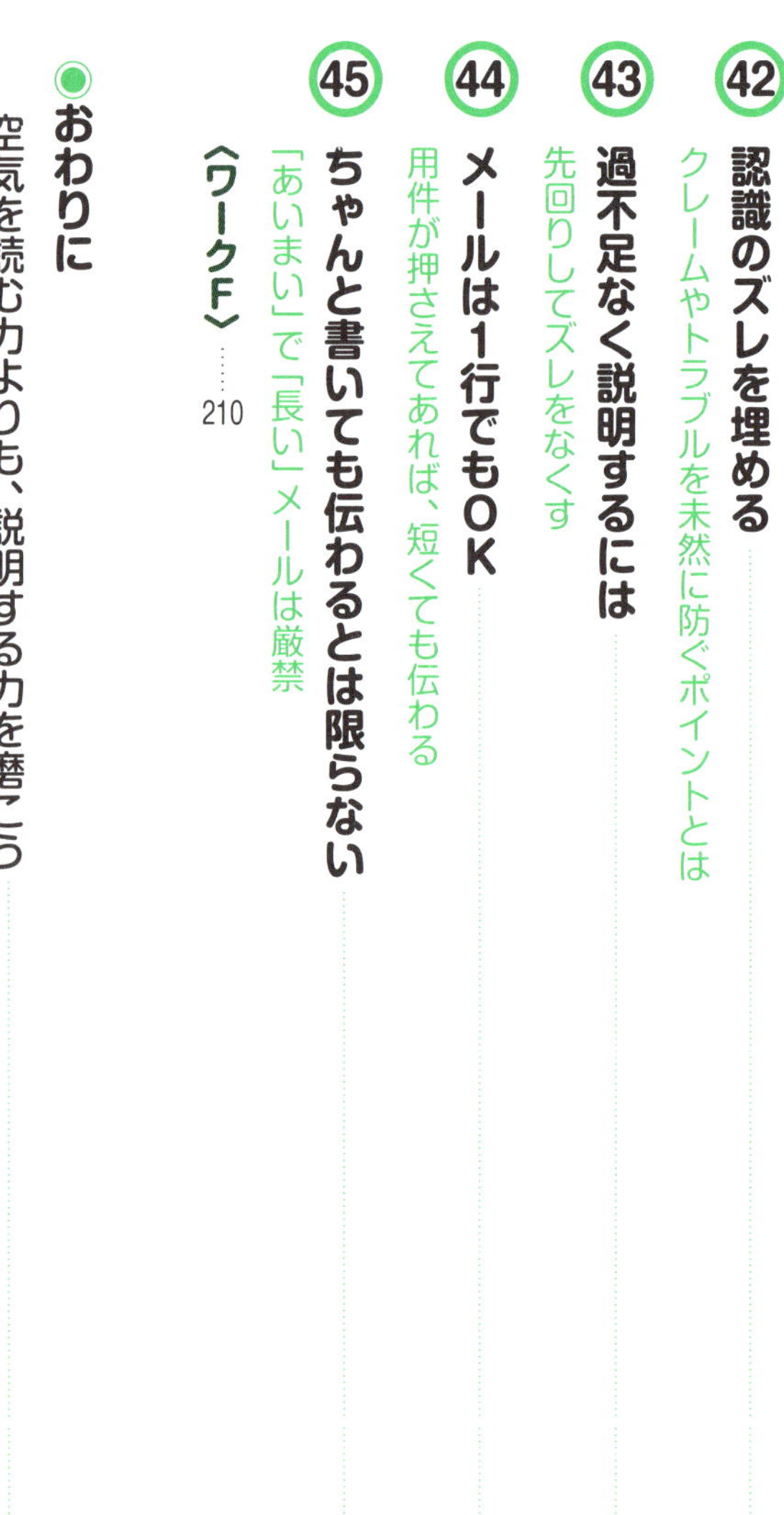

編集協力●野田りえ
カバーデザイン●井上新八
本文デザイン・図版・イラスト●齋藤稔（ジーラム）

説明がうまくいかないのは理由がある

今、求められているのは「スピード」

◉最初の15秒で心をつかむ

ある大手ＩＴ企業さんから、プレゼンテーションの研修を依頼されました。大企業の社長さんや役員にプレゼンすることを想定して、最初の「１分」で興味を持ってもらえるような方法を知りたいというのです。

今の時代、重要なポジションについている人は誰しも、多忙で時間がないものです。そういった人に対して「今日はいい天気ですね」などと雑談していたら、席を立たれてしまいます。

最初の15秒で興味を持ってくれるから、次の5分を聞いてくれる。5分で納得感を得られれば、次の検討に入ってくれるのです。

市場環境の変化が激しく、次々に新しいビジネスが生まれる現代では、プレゼンテーションや営業だけでなく、あらゆる仕事のあらゆる部門でスピードが求められます。

ただし、「短く」伝えればいいというものではありません。忘れてはいけないのは、「わかりやすく」伝えることです。「わかりやすい」とはすなわち、自分が説明したいことを相手が〝早く〟〝スムーズに〟理解できるということでもあります。

では、この「わかりやすく」とは、何でしょうか?

わかりやすさには、実は3つの要素があります。

ひとくちに「わかりやすい」「わかりづらい」と言われますが、この「わかりやすい」には3通りの意味があるのを意識されていましたでしょうか?

その3つの要素とは、

1. 自分にどう関係するかが、わかりやすい

2. 話が整理されていて、わかりやすい

3. 言葉がかみ砕かれていて、わかりやすい

です。

2と3は、想像がつくでしょう。ビジネスでは長々と、ダラダラと話をすることはできません。特に重要な場面であればあるほど、短時間で伝えなければいけません。そのために「理解に必要な情報を、適切な順番で伝えること」が大切になります。

そのうえで、使う言葉にも気をつけなければいけません。いくら話が整理されていても、難解な言葉や専門用語が数多く並んでいたら、理解するスピードはぐっと落ちます。

一般的には、話が整理されていて、かつ言葉がかみ砕かれていれば、話の内容は理解してもらえます。でも、この本で考える「わかりやすさ」は、それでは不十分です。「話を理解してもらえる」ということと、「話を聞いてくれる」というのはまた別の問題です。そこで説明の前提として「1．自分にどう関係するかが、わかりやすい」ことが必要になってくるのです。

人は、自分が興味を持つことしか聞いてくれません。「付き合い」で聞く素振りをしてくれることはあるでしょうが、そういう場合は、すぐに忘れられてしまいます。

雑談であれば忘れられても問題ないでしょう。しかしビジネスでの話は忘れられてしまったら意味がありません。それでは、伝えていないのと同じことです。

ただ、「聞いてもらう」だけでなく、「〝前のめり〟で聞いてもらうこと」が必要です。人が〝前のめり〟で話を聞くのは、「その話が自分に関係があるから」です。特にビジネスでいえば、自分の仕事に関係があることしか聞きません。さらに言えば、**「メリットになる話（デメリットを避ける話）」を聞きたいと思うものです。**

最初の15秒で「あ、これは自分にメリットがある話だな」と感じてもらえなければ、説明が成功したとは言えません。

伝えたい内容を最短で相手に届けること。

自分の話に相手を引きつけること。

両方をかなえるのが、この本で目指す「わかりやすい説明」です。

説明力を身につければ、営業トーク、プレゼンテーション、広告、プレスリリース、会議での発言、部下指導、契約書や社内文書、取扱説明書、通常のビジネスメールなど、ビジネスで使うあらゆる言葉や文章のコミュニケーション力が、一気に上がるはずです。

その説明はなぜ「わかりにくい」のか？ 1

◉ダラダラトークでは相手の心をつかめない

「わかりやすさ」を理解するために、まずは「わかりにくい」例を見ていきましょう。

わかりにくい理由の代表格が「ダラダラとした説明」です。何が言いたいのかわからない。なぜその話をするのかわからない。そんな説明をされると、イライラしますし、そもそも相手が言いたいことも伝わってきません。

月末の忙しい時期、30分だけという約束で訪れた翻訳会社の営業マン（営）が、こんなセールストークを始めました。話を聞いていた担当者（担）の心の声とともにご紹介します。

営：「このオフィスの近辺は飲食店が多くていいですね。私、ラーメンの食べ歩きが趣味なのですが、駅近くの『丸福ラーメン』には行かれたことがありますか？」
担：「ええ、たまに行きます」（心の声：そんな雑談している時間ないんだけど）
営：「今日は、御社が工作機械の輸出をされているということで、まず業界についてリサーチさせていただきました。最近の業界の動向としましては～」
担：「はい……」（もうそんなことはわかってるよ！）

このあたりでイライラしてきて話の続きを促すと、やっと商談が始まります。

営：「これまでの弊社の翻訳サービスだと、窓口のスタッフの勤務時間外では受付できないものですから、半日以上のロスが発生していまして。そこで、半年前よりオンラインによる受注システムを構築しました。このシステムは～」
担：「はぁ……」（なんだか難しい話になってきたな）
営：「こちらの画面をご覧ください。このフォームに翻訳したい文章を入れていただいて、それで見積もり希望のボタンを押していただいて……」
担：「……」（いま、この手順説明、いる？）

営：「オンラインだといつでも発注できるので、納期が短縮できます」
担：「あっ、そうなんですね」（それが言いたかったのか。で、どのくらいの納期短縮になるの？）
営：「ところで御社ではどのような案件で、翻訳サービスをよくご利用されますか？」
担：「えっ、まあ……」（あれ？　もう納期の話終わっちゃった？）
営：「といいますのも、弊社では多くの翻訳者と契約していまして、特殊な言語でも対応できるスタッフがおります。もちろん、ウズベク語とか、サモア語なんかは厳しいですが（笑）、御社の輸出先のアジア圏でしたらご対応できるかと思います」
担：「へえっ（愛想笑い）」（ウズベク語の話とか、いらないから）
営：「御社は技術翻訳も必要な場合がおありではないかと思いますが、そういった案件もぜひご相談ください」
担：「わかりました」（クオリティが気になるけど、質問する時間はなさそうだな）
営：「予算のことが気になっていらっしゃるかもしれませんが、見積もりのご依頼も、オンライン上でいただければ迅速にお返事いたします。御社のニーズにあったサービスをご提供できるかと思いますので、ぜひご検討いただけますでしょうか」

▶ダラダラトークの説明は頭の中に入ってこない

担：「はい、わかりました。今後ともよろしくお願いします」（時間を無駄にしちゃったな……）

雑談から始まって、業界分析を語り、相手のニーズを探りつつ自社のサービスを売り込む――。定番の営業トークなのかもしれませんが、「売り」の説明がダラダラ続いていて要点が見えません。

自分にどう関係するかがわかりにくく、話が整理されておらず、言葉もかみ砕かれていません。これをトークで聞かされていると、途中から何を言いたいのか、わからなくなってくるはずです。

もしかしたら自分もそういう説明しちゃってるかも、とドキッとした人もいるかもしれません。でも、どうすれば「ダラダラ説明」をやめられるか、わからないと思います。そこで本書のメソッドが役に立ちます

第2章では、話をわかりやすく整理する「テンプレップの法則」をご紹介していきます。97ページ以降で、この〝頭に入ってこない〟営業トークが大変身しますので、どうぞお楽しみに。

その説明はなぜ「わかりにくい」のか？ 2

◉話が整理されていないと混乱を招く

意識して観察すると、わかりにくい説明は、日常生活のあちこちで見受けられます。

次ページの図は、あるファミリーレストランのメニューです。ハンバーグを中心に、さまざまなオプションが示されていますが、よくわからないのは、「ライス――160円（おかわり無料＋50円）」の部分です。はたしてライスのおかわりは無料なのでしょうか？　それとも50円なのでしょうか？

ランチやディナーのピークタイムに、何度もこの部分を質問されていたら、確実に時間のムダになりますし、お店のオペレーションにも支障をきたします。店員に質問するのが面倒くさいから別のメニューにしようと考える人もいるでしょう。さらには「お客に不親切な店」という悪い印象が残るかもしれません。

スモールハンバーグ
120g・・・720円

ライス――160円(おかわり無料+50円)
※但し、おかわりをしてご飯を残された方は200円頂戴致します。

②ソースをお選びください。

特製ソース　オリジナルの味が人気

和風　女性に好評

ここでネックとなっているのは、「無料」と「+50円」という表現の矛盾です。たとえば「+50円でおかわり何回でもOK」と書けば、誤解は生じなかったでしょう。

これは「話が整理されていない」からわかりにくい例といえます。

メニュー作成者が、お客さんの立場に立って「どういうふうに書けばわかりやすいか」を考えなかったばかりに、確実に損失が生じています。

もうひとつ、「話が整理されていない」例をご紹介します。

次ページの表示は、スーパーに設置

されていた、飲料水のセルフ販売機に張られていたものです。

3秒でこの文章を読み、どんな内容が書かれているか、説明できますか？

「当自販機でのご利用は故障の原因ともなりますので」とありますが、その主語が書かれていないので、「何が？」と思ってしまう方も多いのではないでしょうか。注意深く読んでいない人は、この写真のボトルを使うと故障してしまうの？　と逆に勘違いしてしまうかもしれません。

話の順番を整理して、足りない言葉を補うと、

「**当自販機をご使用の際は以下の専用ボトルにてお願い申し上げます♪　これ以外のボトルのご利用は故障の原因になります**」

と、ぐっとわかりやすくなります。

その説明はなぜ「わかりにくい」のか？3

◉言葉を羅列するだけでは何も伝わらない

次ページの上の図は、ぼくのパソコンで無線通信をするためにＢｌｕｅｔｏｏｔｈという規格を設定しようとしたときに出てきた表示です。

まず「ペアリング」の意味がわかりません。さらに「〝ＡＢＣＤＥ15〟で～」と言われても、誰も理解はできないのではないでしょうか。

パソコンやＩＴ関連機器には、このように「言葉のわかりやすさ」に、一切気を配っていない表示がよく見られます。

下の図は、さらにひどい例です。

会員制の動画配信サービスを解約しようとしたら、いきなり英語表示になってしまったのです。これだとめんどうになって解約をあきらめる人も多いのではないでしょうか。確信犯的に「わかりにくさ」を利用しているのではないかと疑ってしまいます。

次ページの図は、あるインターネットサービス会社のサイトに出ていた、「Wi-Fiスポット付きLTEのSIM」の広告です。

まず、ここに出てくる言葉がわからない、という人も多いでしょう。SIMとは、携帯電話やスマートフォンが通信するために必要なICカードのこ

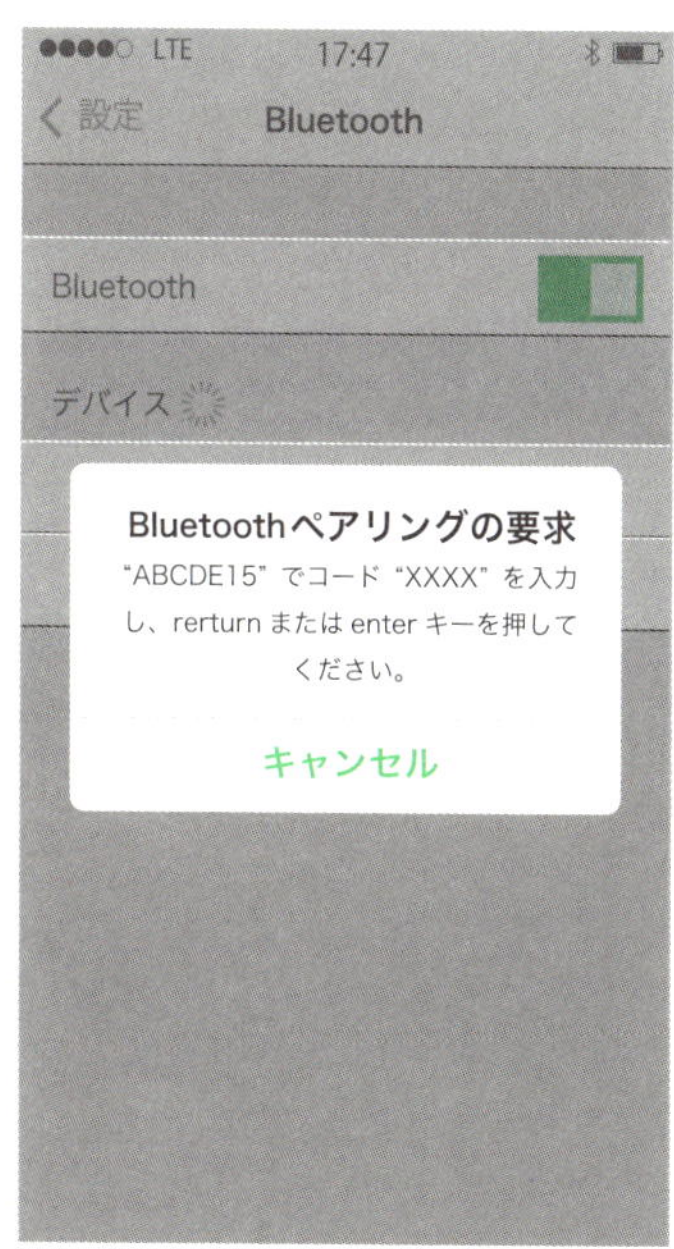

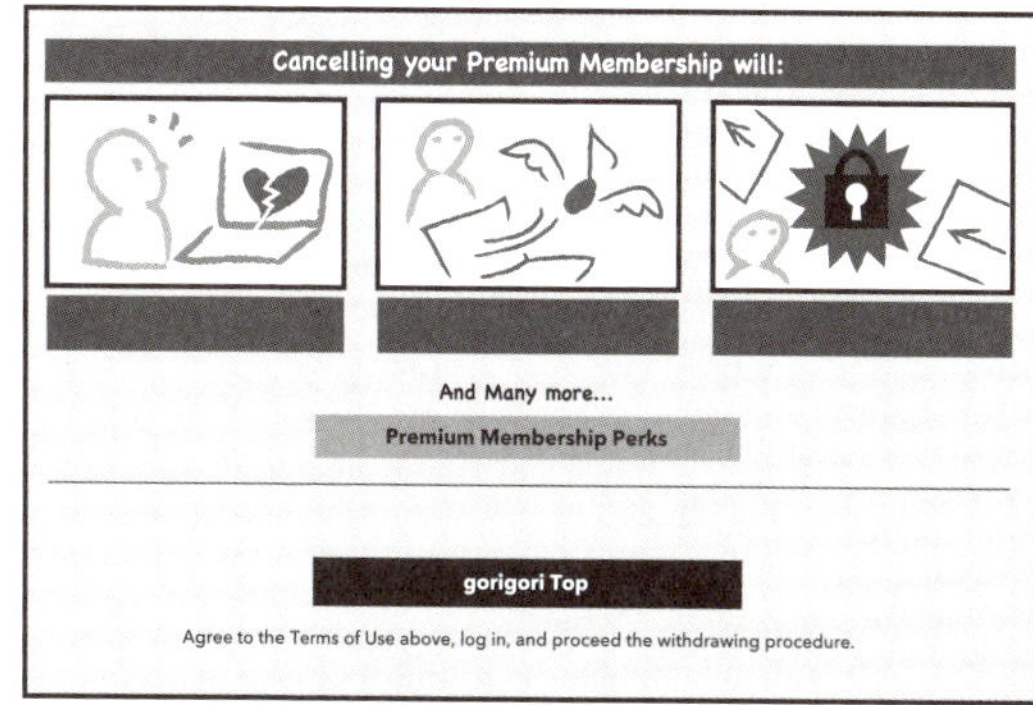

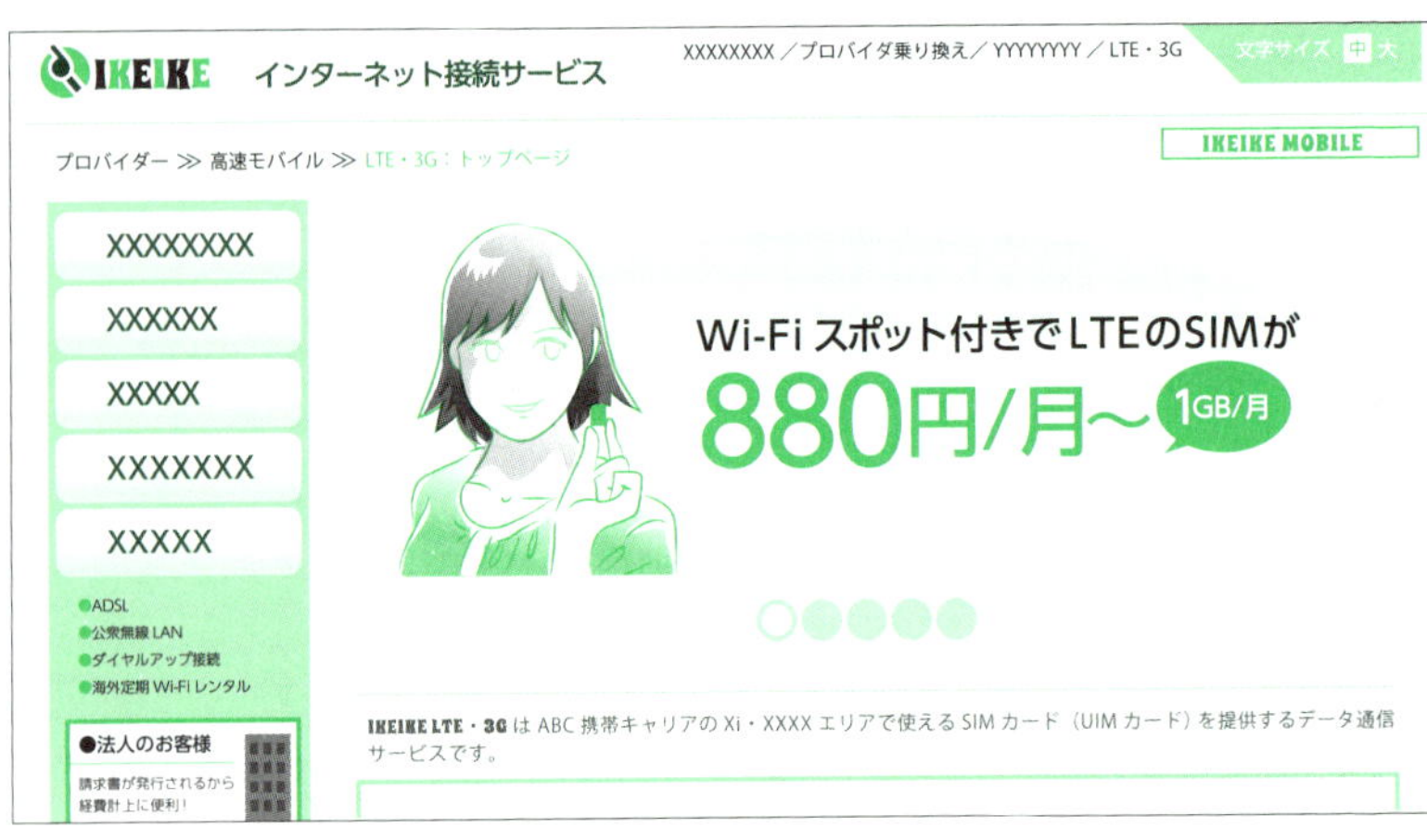

とです。

「機動戦士ガンダム」にたとえていうと、携帯やスマホのハードがガンダムで、ＳＩＭはガンダムを運転しているアムロにあたります。同じガンダムでも、運転手がシャアに変わると強くなるように、性能の高いＳＩＭに入れ替えることで、携帯やスマホがもっと安く、快適に動くようになるというものです（ガンダムになじみがない方、すみません・笑）。

この広告が、ある程度ＩＴや通信関係に詳しい人が集まるサイトに載っているのならば問題はなかったでしょう。しかしこのサイトは、あまりＩＴリテラシーが高くない、一般ユーザー向けの会社のものでした。

親しみを持ってもらうために、若い女性モデルが

ＳＩＭを持っている写真を使ったのでしょうが、**「説明」という観点から見ると、まったく機能していません。**せめてこの女性がＳＩＭを携帯に差し込んでいるポーズにすればよかったのではないでしょうか。

また、ここで一番強調されているのは「８８０円／月〜」という価格の部分ですが、

・ＳＩＭとはなにか

・このＳＩＭに入れ替えることで、どんなメリットがあるのか

を理解できないと、８８０円が安いのかどうかを判断するのは難しいでしょう。

広告は、それこそ一瞬で相手の心をつかまなくては機能しません。でも「言葉がかみ砕かれていない」うえに、「自分にどう関係するかもわかりにくい」広告では、関心を持ってもらうのも難しいでしょう。

商品が売れなかったときには、品質や値段のせいにされることが多いものですが、このようにわかりにくい広告が原因であることも、少なくありません。

開発担当者が、いくらがんばって高機能な商品や便利なサービスを作ったとしても、いくら努力してコストダウンしたとしても、**買ってほしい相手にそれが伝わらなければ売れないのです。**

わかりやすい説明の三大要素とは

●「自分ごとと思ってもらう」「整理されている」「かみ砕かれている」

話し方の本を読むと、「〝できる人〟には、ユーモアセンスが不可欠」「間の取り方や声のトーンに気をつけなさい」とアドバイスされているのを見かけます。

でも考えてみると、ビジネスの現場でそんなにユーモアセンスが必要でしょうか？

たしかに、プレゼンテーションの場では、少しは役立つかもしれません。でも、「ユーモアがなければ聞いてくれない」というわけではありませんし、話がおもしろい営業マンや、声を張り上げる営業マンが必ずしもトップというわけではありません。

そんなことよりも、**話す内容、伝える中身を考えるほうが重要です**。

「おもしろいことが言えないんです」と悩むのは、伝える内容をしっかり固められるようになってからにしましょう。

19ページで「わかりやすさ」には3つの要素があるとお話ししました。それを自分の行動に置き換えてみると、

1．相手に「自分ごと」と思ってもらうこと
2．自分が伝えたい内容を整理すること
3．それを相手がわかる言葉にかみ砕いて伝えること

が必要になります。

この3つの中で、まず第一に行わなければいけないのが、

1．相手に「自分ごと」と思ってもらうこと

です。

どんな話をしても、相手が耳を傾けてくれなければ伝わりません。理路整然と話をしても、お客さんは興味のない営業トークを聞いてくれるわけはないのです。

相手が自分の話に興味を持ち、耳を傾けてくれるのは、その話が相手にとって必要だからです。その話を聞かなければいけない、聞かないと損をする、聞いておいたほ

うが得だ、と思うから聞くのです。

多くの人は、自分本位の説明から抜け出せません。「私は、今これを伝えたいから伝える」「私が言いたいのは、こういうことだから、聞いてほしい」「今日はこの商品の紹介をしに来たので、ちゃんと聞いてほしい」……。

気持ちはわかりますが、それは「あなたの都合」です。相手は「そんなこと関係ない」と思うでしょう。

逆の立場で考えてみるとよくわかります。街頭で演説や、署名活動をしている人たちがいます。本人たちには非常に大切なテーマなのでしょうし、実際、重要なことを話しているのだと思います。しかし、ほとんどの人は足を止めるどころか、歩きながら聞くこともしていません。

なぜか？　多くの人が「自分の話ではない」と感じているからです。

いくら声を張り上げても、いくら〝のぼり〟をたくさん立てても、意味がありません。**人は「自分に関係がある話」しか興味を持たないのです**。

相手に耳を傾けてもらったら、第一段階クリアーです。しかし、それで終わりではありません。

最初に聞く耳を持ってもらっても、その段階では「まだよくわからないけど、なんか必要そうだから聞いてみよう」というレベルにすぎず、何が何でも聞かなければと思っているわけではありません。

そのため、相手の話がわかりづらいと、すぐに聞くのをやめてしまいます。**興味を持ってもらった内容を、さらにわかりやすく伝えなければいけません。**そのために必要なのが、

2．自分が伝えたい内容を整理すること

3．それを相手がわかる言葉にかみ砕いて伝えること

なのです。

続く第1章では「1．相手に『自分ごと』と思ってもらうこと」を、第2章では「2．自分が伝えたい内容を整理すること」を、第3章では「3．それを相手がわかる言葉にかみ砕いて伝えること」をどう実践するか、具体的に見ていきます。

ワーク◎A

あなたが仕事で説明したいと思っていることをひとつ選んで、自由に書き出してください。

第1章

説明はつかみが大事！

6 相手が求めていることは何か？

◉絶対に伝わる〝魔法の言葉〟なんてない

ぼくがサイバーエージェントという会社で働いていたときの話です。

入社して最初に配属されたのは、広告営業部でした。インターネット業界に入るのが初めてなら、営業という仕事も初めて。それでも、体当たりで始めなくてはいけない。そんな状況で求めたのは、こうすれば売れる、という〝正解〟でした。

必死でビジネス書を読み漁り、「この魔法の言葉を言えば相手が買う」「何度も相手に疑問点を確認するうちに信頼が築ける」などの表面的なテクニックをまねしました。

しかし、土台がないのに枝葉の部分だけを学んで形だけ取り入れても、まったくうまくいきませんでした。営業先の企業が何をやりたいのかをまったく考えずに自社の広告メニューを説明して、何度も「疑問点がありますか？」と聞いたところでうまくいくわけもありません。

結局、〝魔法の言葉〟に頼っていたときは、営業成績も散々でした。

初めて手応えを感じたのは、ある人材派遣会社から受注をもらったときでした。

小規模で、広告予算も少ない会社で、「やりたいことはあるけれどお金がない」と言われ、営業マンとして接するのではなく、「じゃあ、何をやればいいか一緒に考えませんか」というスタンスで臨みました。その会社が成約してくれそうになっても、「この広告は御社には合っていないから止めたほうがいいです」と断ったりもしました。

そのときは無我夢中でやっていて、「クライアントのことを考えよう」などと意識していたわけでもなかったのですが、後日、その会社からぼくの上司宛にお礼のメールが届きました。そこには「すごく親身に考えてくれて感謝しています。こんな営業担当に会ったのは初めてで、ものすごく感動しています」と書かれていたそうです。

相手が切望していることを解決する。それ以上の「魔法」はないのだと気づかされた出来事でした。

耳を傾けてもらえるトークとは?

◉その場で求められている話とメリットになる話

説明をスムーズに、スピーディに理解してもらうには、「つかみ」が肝心です。ただ、これは芸人さんの「つかみ」のように、おもしろおかしい話をするということではありません。相手に「この話は自分に関係がある」と感じてもらうことこそが、相手の意識をひきつける「つかみ」となるのです。

ただ、これはとても難しい技術です。ほとんどの人は、「この話はあなたに関係がありますよ」という体(てい)で話をします。社内での会話だけでなく、顧客への商品の営業も「あなたに関係がある」という前提で話をします。

ただ、相手はそう思っていないことが非常に多いです。

だから、ほとんどの営業電話は〝ガチャ切り〟されますし、「営業をかけられる」というのは「いらない商品を売り込まれる」という意味合いになるのです。

相手が「自分に関係ある」と思うのは、要するに、「相手が望んでいる話をする」ということに尽きます。

相手が望んでいる話とは何でしょうか？　これには2種類あります。**ひとつが「その場で求められている話」、もうひとつが「相手のメリットになる話」です**。

たとえば、社内の会議を想定してください。このとき、相手が「自分に関係がある」と思うのはもちろん、その会議のテーマについての話です。顧客対応についての会議であれば、顧客サービスの改善方法や他社が実際に行っていて評判がいい事例、もしくは、クレームになってしまった案件の共有などです。

これらは、会議参加者の〝メリット〟になるから話しているわけではありません。でも、会議出席者は真剣に聞いてくれます。

つまりは、「その場で求められている話」をすれば、相手は聞いてくれるのです。日常的な社内の会議などでは、何を話すことが求められているかを的確に捉えてさえいれば、問題ありません。

一方、営業での売り込みや企画のプレゼン、広報など、相手に提案することが目的の場合はもう一歩踏み込んで「相手のメリットになる話」をしなくてはなりません。たとえば顧客に自分の会社の新商品を売り込むことを想定して、何を伝えなければいけないでしょうか？

逆に考えてみます。自分が他社の営業マンから話を聞く場合、どんな話なら耳を傾ける気になりますか？　自分自身のメリットにならなければ、聞く気にならないのではないでしょうか。

飛び込みで営業してきた人が、「わが社には崇高な理念がありますので、設立背景と、その理念をぜひ聞いてください」と言っても、「いえ、そんな話に興味ないので」と追い返すでしょう。自分のメリットにならないからです。

その話がどれだけ整理されていても、どれだけ平易な言葉で話されても、興味ないものは興味ないので、聞く耳を持たないはずです。

ここでもう一度質問します。あなたが説明しようとしている話は、「その場で求められている話」でしょうか？　それとも「相手のメリットになる話」でしょうか？

つかみの技術1 「誰に」を意識する

◉相手の〝聞く姿勢〟まで考える

「その場で求められている話」か「相手のメリットになる話」をする、というゴールが見えたところで、具体的にどうすればよいか考えていきましょう。

そういうと、慌てて話の内容をまとめようとする方がいらっしゃいますが、それ以前に大切な準備があります。

「誰に伝えるか」を明確にしておくことです。これが明確になっていなければ、短時間で伝えることはおろか、伝えたい内容を整理することもできません。

話がまとまっていない、何を言っているかわからない、と言われてしまう一番の原因は、事前に「誰に伝えるか」を明確にしていないことです。

これを決めていないと、自分でも何が言いたかったのかよくわからなくなります。

ぼくの印象では、この事前整理を軽視する人が非常に多いです。「誰に伝えるか」なんてもともと明確にわかっている、わざわざ確認するまでもない、と考えているのでしょうか。

たしかに、「誰に？」と尋ねれば「○○さんかな」と答えられます。しかし伝える対象として考えなければいけないのは、それだけではありません。

「誰に」とは「相手の状態（聞く姿勢）を含めて」、なのです。つまり、その相手が、どういう姿勢で、どういう状態で話を聞いてくれるかも含めて考えなくてはいけないわけです。

同じ人物だったとしても、興味の度合、その話に割ける時間、忙しさなどによって、〝聞く姿勢〟が変わります。あまり聞く気がない、もしくは今は聞く時間が取れない、という相手に対して、分厚い資料を持って行って長々と話しても聞いてもらえません。

あと5分で会社を出なければいけない上司に対して、「クライアントA社のトラブルについて、折り入ってご相談があります」と言ったらどうなるでしょう。間違いなく「後にしてくれ！」と言われてしまうはずです。

▶相手の状態に応じて説明の順番や伝達方法を工夫する

反対に、あなたの話を聞く気満々で待っている相手に対して、「では、さらっと概要だけお伝えしますね」と言ったら怒られますね。

要は、その相手が特定できていればいいというわけではなく、相手の〝聞く姿勢〟も含めて「誰に伝えようとしているか」を考えなければいけないということです。

たとえば、「あと5分で会社を出なければいけない上司」の許諾がどうしても必要なら、「今日中に対応しないと返品リスクが発生しそうです。今から1分で概要をお話しし、あとは携帯にメールで詳細をお送りします。16時までにご返答をお願いします」など、説明の順番や伝達方法も工夫が必要になります。

「部長の○○さんに伝える」「相手は取引先の△△さん」など、伝える相手の顔が思い浮かんだとしても、まだ不十分です。その相手が、あなたの話をどういう姿勢で待っているかも含めて考えましょう。

そこまで考えて初めて「誰に」が明確になった、と言えます。

つかみの技術2

「何を伝えるか」を絞る

◉結論は〝15秒ルール〟でまとめる

伝える相手を〝姿勢〟も含めて捉えたら、次は「何を伝えるか?」を明確にします。**この「何を伝えるか」こそ、わかりきっていると感じる人も多いでしょう。しかしこれも、そうでもないんです。**

「これから何を伝えますか?」と質問してみると、「新商品について伝えます」「市場の変化について伝えます」という回答が返ってきます。多くの人がこれで明確になっていると感じてしまいます。ですが、これでは不十分です。

「新商品について」といっても、新商品の何を伝えるのでしょうか? 価格? デザイン? それとも機能の見直しでしょうか? それが明確になっていません。

もともと「~について」というのは、とても曖昧な言葉です。英語でいうと、

「ａｂｏｕｔ～」ですね。ａｂｏｕｔは、「その周辺」「そこらへん」という意味で、明確ではないということ、つまり、「アバウト」なんですね。
「新商品について伝えよう」くらいのことは、誰でも考えられます。でも、具体的な内容は、実は明確になっていなかったりするのです。このまま話し始めると、だんだん何が言いたいのかわからなくなってしまいます。このようなトークで、果たして相手の関心を引きつけることはできるでしょうか。

では、どうすればいいでしょうか？　**まず〝結論の一文〟を決めてください**。「何を伝えるか決める」ということは、一文しか伝えられなかったときに、何を言うか、それを決めるということなんです。

前置きや相手に納得してもらうためのデータ、補足情報をすべて捨てて、〝一文〟しか伝えられないとしたら、何を伝えるか。それを決めておくということです。

お客さんに「この商品を買ってください」なのか、上司に「予算がオーバーすることを認めてください」なのか、「この仕事をどう進めたらいいか、アドバイスをください」なのか、です。

この〝一文〟を決めてから話を始めるというのが非常に重要です。そうでないと、結局その周辺情報だけを話して、肝心の言いたいことを伝えられずに終わるかもしれません。

ここで、あなたが伝えたい結論の一文を頭に浮かべてみましょう。**自分の言いたいことを最短で伝えるには、情報を「絞る」必要があります。**

もしかしたら、この「何を伝えるのか」を考える段階でつまずく方もいらっしゃるかもしれません。

このように自分の意見をまとめられない、わかりやすく伝えられないと感じている人の話を聞くと、「伝える要素を取捨選択できない」ことが多いです。

「自分の意見はAだが、場合によってはBにもなるし、Cのケースもある」など補足情報を並べすぎて、自分がどの立場なのかわからなくなってしまう人がいます。もしくは、反論されるのを恐れて、あらかじめ突っ込まれそうなポイントを並べて、「この点は、こういう理由で違います」と先まわりする人もいます。

どちらのタイプも、あれもこれも言おうとして、結局何が言いたいのかわからなくなってしまうのです。

このように、「どうしても一文に絞れない」「前置きや補足情報を追加してしまう」という方には、〝15秒ルール〟をおすすめしています。

これは、**「15秒しかなかったら、何を伝える？」と自問すること**です。

たとえば、電車のドアが閉まりそうなとき、ホームで見送ってくれた相手に多くのことを伝えることはできません。そんなとき、相手に何を伝えますか？

もしくは、かつての人気テレビ番組『スーパーJOCKEY』の名物コーナー「熱湯コマーシャル」で15秒間、全国にアピールする機会があったら、何を伝えるでしょうか？

そこでは「一番伝えたいこと」のみが口から出てくるはずです。

まずはそれを伝えることに集中しましょう。**反論に対応するために情報を追加したり、誤解を防ぐために補足したりするのは、その後です**。

では、もう一度質問します。あなたが一番伝えたいことを一文で表したら、何になるでしょうか。

▶自分の言いたいことを徹底的に絞り込もう

▼予算調整の要望を伝えるとき

先日はパンフレットの制作をご発注くださり、ありがとうございました。

それで、高木部長から納期を9月25日に早めてほしいとご相談があったんですが……ちょっと厳しい部分がありまして。まだ2か月あるから、と思われるかもしれないんですが、8月は夏季休暇もありますし。休み返上でやろうかとも思ったんですが、それでも間に合うかどうか、という感じで。

臨時でバイトを入れようと思うんですが、それにはちょっと追加で予算がかかりそうなんです……。

POINT

- 相手にお願い事をするときには、前置きが長くなりがちです。
- 納期を延ばしてほしいのか、予算を増やしてほしいのか、要望がわかりにくくなっています。

The plain explanation(^_^)

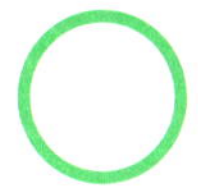

先日ご依頼いただいたパンフレット制作の件ですが、**5万円ほど予算の増額をご検討いただけますでしょうか？**

高木部長より、9月25日のイベントで配布したいというご相談を受けましたが、当初の予定通りに10月末の納品を目指してスタッフを確保しておりまして、納期を1か月以上早めるには、スタッフの追加が必要になります。

POINT

- 「一番伝えたいことは何か」を決めることで、わかりやすい説明になります。
- 「一番伝えたいこと」を最初に話すことで、続く説明も理解しやすくなります。

つかみの技術3

「相手本位」に切り替える

◉開口一番で相手を落とす最強フレーズ

43ページで、説明するときには、「相手が望んでいる話」をしなければいけない、というお話をしました。特に顧客に対する提案の場合、先方がその話を聞くこと自体にメリットを感じてくれなければ、打ち合わせの時間すら取ってもらえないでしょう。

当たり前のことに思えるかもしれません。しかし、これがなかなか難しいのです。多くの人が「相手のメリットを考えよう」と口にしつつ、自分のことしか考えていません。それが相手に伝わるから、つかみがうまくいかないのです。

本当に相手の立場に立つためには、強制的に自分の意識を変えなくてはいけません。

そこで有効なのは、言葉を変えることです。次のフレーズを最初の一言目に設定し

て、そこから話す内容を考えてみてください。そのフレーズとは、

「今日は、あなたが強く望んでいた○○を解決／実現する話をいたします」

です。

これは、相手のことを考えているように見せかけるための、小手先の「魔法の言葉」とは大きく異なります。考え方そのものを「相手本位」に変えるフレーズです。「あなたが強く望んでいた○○を解決（実現）する話」と宣言してしまっているので、この○○には、相手が強く望んでいることしか当てはまらないはずです。

先日、ある企業で幹部候補生向けにプレゼンテーションの研修を行いました。

通常のプレゼンテーションでは、まずはクライアント先の業界の動向や市場背景から話が始まるケースも多いです。そこから自社商品・サービスがいかに優れているかを語り、商品の性能や、材料、使われている技術、他社との比較などの説明に多くの時間を費やします。

しかし、「御社の動向は～」などと話しても、クライアントのほうが詳しかったりするわけです。相手が聞きたくないことに労力を費やしても、話は聞いてもらえません。

では、**開口一番で何を話したらいいか。ここで最強フレーズの出番です**。

「今日は、あなたが強く望んでいた○○を実現するために来ました」と言うのです。

たとえば出版社に本のプロモーション方法を提案するケースを考えてみましょう。

ここで出版業界の動向から話し始めても、相手は前のめりにならないでしょう。

では一言目に「ベストセラーにする方法を見つけたんです」と言ったら？

このほうが、はるかにインパクトがあります。**相手の心をつかむのに、これほど効率のよい方法はないはずです**。

「今日の会議では、クレーム情報を共有して、（みなさんが強く望んでいた）トラブル対応の効率化を図る提案をします」

「今回のプレスリリースでは、（ご要望の声が多かった）ＳＯＨＯ向けの機能を搭載した低価格のレーザープリンターのご案内をいたします」

など、あなたの事例に当てはめて、さまざまな応用例を考えてみましょう。

まずは「相手の問題を解決する」という目的を明確に伝えることです。それを実現するものとして、自社製品の独自性やメリットを打ち出すべきなのです。

▶「あなたの問題を解決する」とハッキリ伝えよう

会議で提案をするとき（最初の一言が重要）

まず、お配りした資料をご覧ください。会社のサイトの問い合わせフォームに集まった、顧客からのクレームをまとめたものです。

種類別に分類して、どういったクレームが多いかもわかるようにしてみたところ、似たようなクレームが多いことが判明しました。このリストをスタッフ間で共有することで、クレーム対応ももっとスムーズにできるのではないかと思うので、該当するチームは持ち帰って対応を検討してください。

POINT

「スムーズ」という表現もあいまい。

POINT

- この話の何が自分に関係あるのかがわかりにくく、聞き流されてしまう恐れがあります。
- 「対応を検討してください」だけだと、結局何をするのか伝わりません。

今日の会議では、懸案だったトラブル対応の効率化について提案します。

お配りした資料には、会社のサイトの問い合わせフォームに集まった顧客からのクレームを、種類別に分類してまとめています。今までは個別に対応していましたが、似たようなクレームも多く、チーム内で対応方法を決めて共有したほうが、処理スピードが短縮できるはずです。

POINT

メリットは明確に。

POINT

- まず、話を聞く側の立場に立ちましょう。
- その観点から、参加者が抱えている問題を解決するという目的を冒頭で伝えましょう。
- 具体的なアクションプランを明示しましょう。

つかみの技術4

相手の世界に飛び込む

◉女子高生のニーズは会議室ではわからない

ここまで相手本位でお話しすることがいかに大切か、お伝えしてきました。

しかし、いくら相手の立場に立ちましょうと言っても、頭の中で考えているだけでは、想像の域から出ることはできません。

説明する相手が、同じ会社の同僚や上司であれば、彼らが普段どのように考え、行動するか観察することから始めましょう。

販売員や何度も顧客訪問ができる営業マンであれば、顧客にヒアリングすることは、ニーズを探る方法のひとつと言えます。それが難しい場合でも、顧客の行動パターンをまねしたり、顧客がよく行く場所に足を運んだり、同じ世界を共有することで、大きな手がかりを得ることもできます。

ぼく自身、本などを執筆する際は、なるべく書く対象を理解するために、その世界を〝体感〟するように努めています。

たとえば、ギャンブラーが主人公の漫画『カイジ』を通して、世の中のお金の仕組みを読み解く本（『カイジ「命より重い！」お金の話』サンマーク出版）の原稿を書いていたときは、パチンコ店に入り、そこにいる人々を観察していました。

ちょっと椅子を引いて、足を組んでタバコを吸いながらやっているな、とか、スポーツ新聞などは邪魔だからそれほど読んでいない……などなど、その場に身をおいて観察するだけでも、何となく考えていることなどを肌で感じることができるものです。

以前、ある会社の商品の企画会議に出席したときのことです。

会議では、女子高生をターゲットとした場合、どんな機能を打ち出すとアピールできるか、という話をしていました。

そのとき広告代理店は「女性に買ってもらうには、美白というテーマがいい」と提案してきました。実際に、女性が美白を非常に気にしているというデータがあるというのです。

女性全般についての話なら、わからなくはありません。しかし、女子高生となると話は別です。

なぜなら当時は、「ガングロ」「ヤマンバ」メイクの全盛期。渋谷などに行けば、女子高生は一様に顔を黒く塗っていました。自分の顔をより白く見せたいと思っていた人がどれだけいたでしょうか?

思わずぼくは「今の女子高生は、美白なんて興味ないと思うんですが……」と言いましたが、「代理店の資料をちゃんと読んでロジカルに話せ」と反論されてしまいました。

しかし、女性が美白を気にする、というデータ自体は正しかったとしても、女子高生のリアルな実態を見て、体感していないと、女子高生が求める商品は開発できません。

まさに百聞は一見にしかず、百の情報があっても一の体験には勝てないことが多いのです。

ワーク◎B

あなたが説明したい相手は「誰」ですか？　相手の状況も含めて考えてください。

あなたが説明したいことは「何」ですか？　15秒で話せるくらい短くまとめてください。

あなたが実際に説明するとしたら、一言目に何と言いますか？　「最強フレーズ」を考えてみてください。

第2章

説明がうまくなるコツ「整理する力」

テンプレップの法則とは

◉どんな話でもわかりやすく説明する黄金ルール

第1章で説明の「つかみ」ができたところで、**いよいよ具体的に文章を組み立てていきましょう**。ここで「わかりやすい」説明ができないと、せっかくのつかみも一気に台無しになってしまいます。

これから説明するのは、伝え方の〝公式〟です。「公式」を頭に入れておくことで、どんな場面でも自分が伝えたいことを、整理して話すことができます。

その公式とは、**ぼくが提唱している伝え方の絶対ルール「テンプレップの法則」**（®一般社団法人 教育コミュニケーション協会）です。これは、**情報を整理する際に、話がわかりやすくなる「順番」を示しています**。

具体的には、次のステップ1〜6の順番で説明する内容を組み立てていきましょう、ということです。この法則に則ると、どんなテーマでもわかりやすく、どんな複雑なテーマでもシンプルにまとめることができるようになります。

【ステップ1】話のテーマ（Theme）を伝える

話のテーマを冒頭で伝えます。「これからお伝えするのは○○についてです」「○○について相談させてください」

【ステップ2】言いたいことの数（Number）を伝える

言いたいことはいくつあるのか、を伝えます。「お伝えしたいことは3個あります」「ポイントとしては2つです」

【ステップ3】話の要点・結論（Point）を伝える

言いたいことのポイント・要点を伝えます。「結論から言いますと、お伝えしたいのは××ということです」

【ステップ4】その結論が正しいといえる理由（Reason）を伝える

「（結論から言いますと、××です。）その理由は○○です」

【ステップ5】具体例（Example）を挙げる

「結論」を補足する具体例を示します。「たとえば、こういうことがあります。（だからこの結論で正しいのです）」

【ステップ6】要点・結論（Point）を繰り返して、締めくくる

最後に「要点・結論」を繰り返します。「ということで、今回お伝えしたいのは××でした」

以上が、わかりやすく伝える公式「テンプレップの法則」です。

各要素（テーマ、数、要点・結論、理由、具体例、要点・結論）を英語にして、その頭文字（TNPREP）を日本語読みしたのが〝テンプレップ〟の名前の由来です。

この法則は、どんなテーマにも使えます。それだけでなく、**相手が話を理解・納得するために必要な要素がすべて盛り込まれています**。

状況を説明するときや、起こった出来事を整理するときには、④理由と⑤具体例がいらない場合もありますが、そのときも考え方は一緒です。状況を理解してもらうために、まずは自分が伝えたい〝結論〟を伝えます。そのあとで、状況を詳しく説明す

▶わかりやすく伝えるための絶対ルール

テンプレップの法則

① **T**heme　テーマ（今から何の話をする?）

② **N**umber　数（言いたいことがいくつある?）

③ **P**oint　要点・結論（伝えたいことを1文で言うと?）

④ **R**eason　理由（なぜそう言える?）

⑤ **E**xample　具体例（どんなエピソードがある?）

⑥ **P**oint　要点・結論（念押し）

るのです。

最初のトレーニングとしては、前ページの図表をメモのそばに置いて、その横に説明を書き出してみるのがおすすめです。次に、それを人に話してみましょう。初めは堅苦しい説明になってしまうかもしれませんが、何度も練習するうちに、自然にテンプレップに沿って話ができるようになります。

次からは、各ステップの詳細を見ていきましょう。

ステップ1 話のテーマを伝える

◉必ず「何の話をしているのか?」から始める

手短に、かつ、わかりやすく伝えるために、絶対に外して考えられないのは、「テーマ（何についての話なのか?）を伝える」ということです。

どんなことでも、まずテーマを伝えなければいけません。

よく「結論から話せ」と言われます。でも、本当に結論から話したら、何のことかまったく伝わらないこともあります。

テレビのニュースは、すべて「テーマ」を最初に伝えています。

ニュースを紹介するときに、アナウンサーは必ず最初に、「今日、○○で××の事件が起きました」「今日は東京で××祭りが開催されました」など、まず「何の話か?」

を伝えています。そして、その後にニュースの詳細を読んだり、現場のＶＴＲなどが流れたりして、詳しい解説が始まります。

トークのプロであるお笑い芸人も同じ話し方をしています。カメラに映る一瞬で視聴者に伝える訓練をしている芸人さんのフリートークは、「わかりやすい説明」の宝庫です。

先日もバラエティ番組を観ていて、その徹底ぶりに感心しました。すべての芸人さんが、自分のネタを話し始めるときに、必ず「これ、ウチの相方の話なんですけど～」と「話の大枠」を伝えているのです。

話している内容が伝わらなければ、笑いは取れません。お笑いにとって、わかりやすさは必須です。そのときに芸人さんが徹底しているのが「テーマから話す」ということなのです。

新製品発表の場などで、数々の名プレゼンを行ってきた故スティーブ・ジョブズも、テーマを先に伝えることの重要性を熟知していた1人です。ジョブズのプレゼンからは、話の内容を理解してもらうことよりも、まず「何の話をしているか」を、相手がすんなり理解できるように心がけていたことが読みとれます。

相手に話の内容を理解してもらうためには、「これからこの話をします」という〝脳内バケツ〟を用意してあげなくてはいけないのです。これは、情報を頭の中に入れるための〝入れ物〟のことです。

それがないと、相手は情報が右から左に抜けてしまい、留めておくことができません（参考：『スティーブ・ジョブズ 驚異のプレゼン』（カーマイン・ガロ著、井口耕二訳、日経ＢＰ社））。

逆の立場に立って考えてみましょう。たとえば、消費財メーカーの営業マンが、いきなり上司から次のように指示されたとします。前提抜きでいきなり「結論」を言われたわけです。

「参加するコンビニチェーンは４社で、着日は20日。全国の支店に３種類を30セットずつと、店頭用のＰＯＰね。ＭＤ部からリストをもらって」

「テーマ」がなく、いきなり細かい話をされると、「えっ？ 何の話なの？」「何をすればいいの？」と、頭の中が「？」だらけになってしまいますよね。**上司が最初に**

▶テーマから話して相手の頭の中に入れ物を用意してもらう

「CMキャラクターの、プレゼントキャンペーン用グッズの発送のことなんだけど」とテーマを言ってくれたら、一発で理解できる話です。

「テーマ」がわからないと話についていかれず、置いてきぼりをくってしまうのです。そして、相手の内容よりも、「何の話だろう?」と考えることに一生懸命になってしまいます。これでは、相手は話に集中することができません。

普段みなさんが何かを伝えるときは、ほぼ〝いきなり〟です。いきなり相手のところに行き、いきなり話しかけ、いきなり説明を始めます。そこでいきなり「ポイントは○○です」と話しかけても、相手はみなさんが何の話をしているかわからず、まったく理解してもらえないでしょう。

相手は、真っ白な状態でみなさんの話を聞き始めます。最初に「テーマ」を伝えて話の全体像を伝えることによって、聞く人に〝頭の準備〟をしてもらわなければならないのです。

「これから、こういう話をされるんだな」という見通しをもってもらうことができれば、話は格段に伝わりやすくなります。

▼外国人観光客への対応プランを指示するとき

園内のレストランと売店すべてに、メニューを配布してもらえますか？　3月10日までにお願いします。英語のメニューと中国語のメニューがあります。それと、園内の地図もあるので一緒に。

あと、各店から1人ずつリーダーを出してもらって、3月20日の研修に参加するように伝達してもらえますか。観光客から直接質問されたりすることもあるし、どうやって対応するかといったことは、そこで説明します。

POINT

- いきなり具体策から入っては、相手を戸惑わせるだけです。
- 複数の要望がバラバラに説明されているので、頭に入りにくいです。

The plain explanation(^_^)

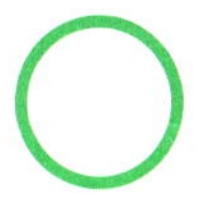

最近急増している外国人観光客への対応ですが、園内のレストランと売店すべてに、英語と中国語のメニューと園内の地図を用意することにしたので、3月10日までに、配布してもらえますか？

あと、3月20日に、観光客への対応についての研修も行いますので、各店でリーダー1名を決めて、参加するように伝達してください。

POINT

- テーマから話せば、相手も話に集中できるでしょう。
- 何の研修か先に伝えることで、説明が簡潔になります。

ステップ2に進む前に

◉確認のひと手間を加える「ステップ・チェック法」

相手にテーマを伝えるときに、ぜひ知っておいていただきたいコツがあります。

プレゼンテーションのように、聞く側がテーマを知ったうえで集まっているときは、わざわざ「今日はこれから、○○についてプレゼンします」と伝えなくてもわかるかもしれません。

しかし通常、相手はみなさんの話を聞く準備ができていないばかりか、みなさんの話を聞くこと自体に、合意していません。相手には相手の都合があります。相手がその時間に別のことをやろうと思っていた可能性もあります。

そんなときに、いきなり話し始めるのは、他人の部屋にいきなり上がり込んで、一方的に演説をするのと同じです。相手はその話を聞きたいと思っていないかもしれませんし、もしくは「後でじっくり聞きたい」と思っているかもしれません。

飛び込み営業だったら、もっとハードルが上がるでしょう。もし、道を歩いていて突然、「なぜあなたはいつまでも仕事で悩み続けるのですか？」と問われたら、どう思うでしょうか？

まず、とても困惑しますね。「なぜあんたにそんなことを言われなきゃいけないんだ？」と怒りを覚えるかもしれません。

相手の携帯に電話をかけたときに、「今よろしいでしょうか？」と尋ねる人は多いですよね。同じように相手の都合を尋ねて、さらに**「このテーマは、今の議題としてふさわしいですか」という確認もとります。ぼくはこの確認作業を「ステップ・チェック法」と名づけ**、みなさんにおすすめしています。

たとえば上司に相談する前に、

「今、営業戦略について相談させていただけますか？」

といったように「確認」をすれば、上司も「じゃあ話をして」もしくは「ちょっと後にしようか」などと対応ができます。

もし話の方向が全然違っていたとしても、「いやいや、それは今は関係ないから違う話をして」というふうに修正ができますよね。

会議で発言するときも同じです。

「これから今回のトラブルの背景をお伝えしたいのですが、テーマとして合致していますか?」

といった具合に、参加者のニーズと自分の話をすりあわせてから自分の発言をするのです。

この確認をすることで、相手が求めていることを知ることができます。逆にこの「確認」をしないと、「求められていないことを、長々と話している人」になってしまうかもしれません。

The plain explanation

ステップ2 言いたいことの「数」を伝える

◉重要なポイントはいくつある？

話のテーマを伝えたら、その次は、「数」が大事です。話の重要ポイントはいくつあるか、その数を伝えるということです。「今日はお伝えしたいことが3つあります」というフレーズは、いろんなところで耳にしたことがあるのではないでしょうか？

再度、先ほどの「話を整理するために使う『脳内バケツ』」（75ページ参照）にたとえると、脳内バケツは話の数だけ必要になります。

話を整理して聞いてもらうために、重要なポイントを整理しやすくするために、その要点がいくつあるか、「数」を宣言します。

「要するに重要なのは2つです」

「今日議論したいのは、1点だけです」

といったように数を伝えれば、話の全体像をつかむことができ、相手は頭の中で整理しながら、あなたの話を聞くことができます。これが重要なんです。

以前、ぼくの講座を受けたときに、人前で話をすると極度に緊張してしまう方がいらっしゃいました。自己紹介をするだけで汗をかいてしまうような状態で、いくらわかりやすく説明する方法を教えても、うまく話ができないのです。

うまくいかないポイントはどこなのか、その人を観察していて気づいたのが、「数を意識していない」ということでした。**数を意識しないから、言いたいことが漏れてしまうし、相手もわかりづらく感じ、イライラしてしまう**。それで緊張して、うまく話ができなくなってしまうのです。

その人が話し始める前に聞いてみました。

「ちょっと待ってください。今から言おうとしていることは、何個のことですか」

「3つかな」

「では、その3つを言ってください」

このやりとりをした後からは、彼の話はぐんとわかりやすくなりました。

▶言いたいことの「数」を先に伝えると心が落ち着く

伝えたい内容をまとめるとき、まずみなさんが目を向けるのは「結論」です。結論を明確にしようとするんですね。**しかし、「結論は何か?」と自問しても、素直に出てこないことがあります**。

学生時代、国語（現代文）のテストで「主旨は何か?」という問題が多く出題されました。こう聞かれると、なんだか難しく考えすぎてしまって、出てこないものです。ならば、別の問いかけをしてみましょう。結論を引き出すために「（言いたいことの）数はいくつあるか」を考えます。つまり「今日は合計で何個のことを伝えたいのか?」を考えるわけです。

これも結局、結論を探していることに変わりはありません。しかし、「言いたいことの数は?」と問いかけられると、頭の中にある情報を重要なポイントにまとめ始めます。「いろいろ言いたいことはあるけど、いくつにまとめられるだろう?」という視点で見るようになります。その結果、〝結論〟もとらえやすくなるんです。

「重要なポイントは何か?」と考えるのではなく、「重要なポイントはいくつあるか?」「懸案事項は何か?」ではなく、「懸案事項はいくつあるか?」と自問してください。

完璧な内容を喋らないといけないと思うから、焦って言えなくなったり、逆に話しすぎて伝わらなくなったりするのです。**いったん数を考えることで、スッキリ頭が整理され、相手にも端的にわかりやすく伝えることができる**ようになります。

また、相手から質問されたときも同じです。Ｙｅｓ／Ｎｏで答えられない質問や、答えが複数ある場合も、「答えから言おう」ではなく、「数から言おう」とすると、そのあとの話がうまく組み立てられます。

「この商品のウリは何ですか？」→「商品のウリは○点ありまして、それは△△と▲▲です」

「あなたがこの案をいいと思うのはなぜ？」→「理由は○つで、◇◇と◆◆です」

結論から言おうとすると、最初に考えついたものをすぐに言ってしまいがちです。結論がひとつの場合はそれでも構いませんが、複数あった場合、ひとつ目を伝えた後に、「あとこれもありました。それとこっちも重要でした」と、バラバラ伝えることになってしまいます。

まずは〝伝えたいことの数〟を探し、その〝数〟から伝えるのがベストです。

部署に配属された新入社員が自己紹介するとき

6月から宣伝部に配属された、新人の田中です。研修中には、いろいろな部署を体験させていただきました。

企画部や制作部のみなさんは、ものづくりにすごくプライドを持っていて感動しました。あと、店舗まわりをしたときのことですが、お客様が「CMで見たやつがほしい」とおっしゃっていて、CMの影響ってすごく大きいんだな、と実感しました。もちろん宣伝部に来たときも、たくさん学ばせていただきました。商品のことをしっかりと伝えなくてはと、考えさせられました。

POINT

- ダラダラ話していると、何が言いたいのかわかりにくくなってしまいます。
- 「いろいろな」「すごく」などあいまいな表現が多く、話の主旨もあいまいになっています。

6月から宣伝部に配属された、新人の田中です。研修中に各部署の仕事や店舗まわりを体験させていただいて、学んだことは3つございます。
ひとつ目は、企画部や制作部が、高いプライドを持って商品を作っていること、2つ目は、CMがお客様からのご注文に強い影響を与えていること、3つ目は、宣伝とは商品に込められたストーリーを社外に伝える仕事だ、ということです。

POINT

- まず、言いたいことの数から伝えましょう。
- 頭の中が整理されて、説明も簡潔になります。
- 「あいまい語」をなるべく具体的な言葉にすると、意図が正確に伝わります。

ステップ3

話の要点・結論を伝える

◉言葉足らずになってもいいから一言で

テーマと数を伝え、相手に聞く準備ができたら、すぐに「結論」を伝えます。「結論」は、一度49ページ以降で整理しましたね。〝15秒ルール〟で、端的にまとめるのがポイントです。

「テーマ」「数」「結論」を盛り込んで話をすると、次のようになります。

「これから、マイナス金利が一般家庭の家計にどのように影響を及ぼすかについてお話しします。【話のテーマ】

重要なポイントは3つです。【数】

現時点での影響は、⑴預金金利の低下、⑵住宅ローン金利の低下、⑶保険商品の金利の低下、の3つです。【結論】」

いかがでしょうか?　とても短い文章ですが、これで、「話の全体像」がわかりますね。

聞く人は、「これから、だいたいこんな方向で話が進むんだな」と〝頭の準備〟をすることができます。これが、わかりやすさに直結するわけです。

ですが、このように短く伝えるのは、実は簡単ではありません。

「結論から話せ」とよく言われますし、それが大切だということも多くの方が理解しています。しかし、実際に「結論から話す」ことができる人は多くありません。なぜかというと、〝結論〟だけ伝えると、言葉足らずになるからです。

営業会議で、自分の考えを伝えるとしましょう。「B案がいいと思います」と、結論だけを伝えると、どうしても言葉が足りなくなります。

「なんでそう思ったの?」「A案とC案もあるけど、それはダメなの?」と周囲に思われてしまいそうですね。

そして、周囲からツッコミを受けそうですね。

そのツッコミを怖がるあまり、事前に相手の疑問や反論に対処しようとして、「A案とC案もありますが、それぞれこのようなメリットとデメリットがあるのを勘案して、B案にしました」などと、長々説明してしまいがちです。

しかし、説明が長く複雑になればなるほど、本当に伝えたかった「B案がいいと思います」というメッセージは、相手に届きにくくなってしまうのです。

こうした方におすすめのテクニックがあります。それは、**「結論から言いますと」という枕詞をつけることです**。

これをつければ「この後に詳細の説明をしてくれるんだな」と相手は理解し、ツッコミをしなくなります。

たとえば、次のようなセールストークをされたら、どう思いますか。

「この新商品の〝スッキリ茶〟は、中性脂肪の増加を抑える効果がありまして、20代〜50代の男女300名に、食前にこのお茶を飲んでもらう実験を行ったところ、中性脂肪が20％減少するという結果が出ました。苦味があって飲みにくいという意見もあったので、別の飲みやすい茶葉をブレンドして、味わいを改善しました。だからおすすめです」

ポイントが多くて頭に入りにくいですよね。

そこで、冒頭に「結論から言いますと」を持ってきます。まずは、「結論から言いますと、この新商品の〝スッキリ茶〟は、体に脂肪がつきにくい効果があり、ダイエットにおすすめです」で区切ります。

「というのは~という実験結果が出たからです。~をして、味わいもよくなりました」といったように、理由や補足情報は、結論を伝えた後で追加すればいいのです。

まずは〝結論だけ〟を意識して話をしましょう。

ステップ4・5・6 「理由」「具体的な事例」「結論」を伝える

◉テンプレップを完成させよう

「テーマ」「(言いたいことの)数」「結論」を伝えたところで、相手の頭の中に用意されたバケツには、水が半分くらい注がれています。次はそのバケツを満たす番です。

なぜその「結論」を導き出せるのか、「理由」と「具体的な事例」を述べることで、話の説得力が増します。ここでいう**「理由」とは、今、説明している「結論」の根拠のこと**。多少込み入った話になっても、相手は「結論」がわかっているので、頭が混乱しないですむはずです。

たとえば、

「最近のバレンタインデーでは、女性の友達同士でチョコレートを交換するケースが増えている」

が、話の「結論」だとします。

その「理由」としては、次のようなデータや実験結果、実績など、客観的な事実を持ってくると説得力が増します。

「2013年に実施されたある製菓メーカーの調査によれば、10代、20代の女子がチョコをあげる予定の相手は、『女友達』が約7割でトップ。『彼氏』（約4割）や『告白したい男性』（約1割）を大きく引き離しています」

次の**「具体的な事例」にも、結論を補足・補強する情報を盛り込みます。大切なのは、その事例が結論の正しさを表すものだ**ということです。

「チョコレート売り場には女性客の長蛇の列ができていました」

というエピソードでは、「結論」を補足できないでしょう。並んでいた女性の大多数は、男性のためにチョコレートを買っていたのかもしれないですよね。

「〝友チョコ〟という言葉が流行っています」

「去年は、女性同士でチョコを持ち寄る女子会が都内各所で開かれたそうです」

などの事例であれば、結論を裏付ける根拠になります。

そして最後に大事なのが、「結論」です。これは、**まとめとして「結論」を繰り返すことです**。

テンプレップの法則に沿って説明すれば、基本的には相手に理解してもらえるはずですが、「理由」や「具体的な事例」に費やす時間や文章が長かったり、インパクトが強すぎたりすると、そちらに気を取られてしまうこともあります。

せっかくわかりやすく説明したとしても、

「興味深い内容だったけど、そもそも何の話だっけ?」

と相手が忘れてしまっては、元も子もありません。

そこで最後に、

「ということで、今日お伝えしたのは○○でした」

と、「結論」を繰り返すことで、相手の記憶を呼び起こすことができるのです。

この締めくくりの「結論」は、最初に話の「テーマ」を伝えるのと同じくらい、大事なポイントです。あなたの説明をムダにしないためにも、もうひと押しを忘れないようにしてください。

テンプレップの法則で話を整理してみよう

◉もう「何を言いたいの？」とは言わせない！

テンプレップの法則は、プレゼンや営業トーク、会議での発表、報告書の作成など、あらゆるビジネスコミュニケーションで使えます。試しに序章の22ページに出てきた、「わかりにくいセールストーク」を整理し直してみましょう。

「今日は、御社で発注されている、契約書や取扱説明書の翻訳納期を短縮し、専門性の高い案件にも対応するプランのご提案に参りました。【相手のメリット（つかみ）】

4月から開始した新しい翻訳サービスをご紹介させていただきますが、よろしいでしょうか。【話のテーマ&ステップ・チェック】

重要なポイントは2つございます。【数】

弊社では、⑴緊急で翻訳が必要な場合でも、迅速にご対応できます。⑵特殊な言語や専門的な内容もご対応可能です。【結論】」

「それが可能になった背景を順番にご説明しますと、⑴オンラインによる受注システムを構築しまして、24時間いつでも受注と納品が可能になりました。⑵多数の翻訳者が弊社と契約しておりまして、御社の輸出先のアジア圏をはじめ、ヨーロッパ、アフリカなど50言語での翻訳が可能です。また、特許翻訳や技術翻訳は専門の翻訳会社と提携していますので、そういったご相談にも対応できます。【理由】

従来の翻訳サービスですと、窓口担当のスタッフの勤務時間外では受付できず、時間のロスが発生していましたが、オンライン上で発注をいただければ、夜中でも翻訳者に原稿が届きます。実際、他社様にこの新サービスをご利用いただいたところ、平均10時間ほど納期を早められるようになりました。【具体例】」

「ということで今回は、弊社の新サービスで、⑴緊急で翻訳が必要な場合でも、迅速に対応できるということ、⑵特殊な言語や専門的な内容にも対応できるということ、についてご紹介させていただきました。工作機械を輸出される御社のニーズにあったサービスを提供できると思います。ぜひともご利用をご検討ください。【要点】」

いかがでしょうか？　このように話が整理されていれば、短い時間でも話の概要が頭に入ってきて、このサービスを利用するかどうかも判断しやすくなるはずです。

テンプレップの法則は、ごくごくシンプルな「型」ですが、効果は抜群。話や文章がぐっとわかりやすくなるはずです。

使えば使うほど上達するので、営業先や会議などで発言する機会があったら、ぜひ試してみてください。レポートや、メールを書く際も、テンプレップの法則に沿って組み立てられているか、見直してみましょう。また、**誰かの話を聞いたり文章を読んだりする際も、テンプレップの順番に組み換えてみることで、頭が整理できます**。

わかりやすく説明できるようになると、相手の反応もぐっと違ってきます。自分の話を集中して聞いてもらえたり、納得してもらえたりした体験は、大きな自信をもたらしてくれます。その自信こそが、さらにあなたの説得力を高めるのです。

▼顧客からのクレームを上司に報告するとき

昨日、お客様がすごい剣幕で怒鳴り込んできました。電話だったんですが、いきなり「おたくの太田を出せ！」とすごまれました。太田さんがお休みでしたので、ひとまず折り返しにしようとしたところ、商品Aを買ったが使えない、という文句を延々30分以上も聞かされました。

ひとまず、上司と相談してからご返事しますと伝えて、無理やり電話を切りました。

POINT

Ⓣ「クレーム」という**テーマ**から入ります。

POINT

Ⓝ言いたいことの**数**が書かれています。

POINT

Ⓟ**結論**になります。

昨日有休だった太田さん宛てにクレームの電話が入り、私が代わりに受けました。2つの対応策を考えており、ご相談させてください。というのも、太田さんが今日も有休をとられているからです。

内容は商品Aを購入したお客様からの返品と返金の要請でした。フタが空かないのだそうです。

私から管理部に対応をお願いするべきでしょうか。その前に、お客様からすぐに返品していただいたほうがよろしいでしょうか。ご指示ください。

POINT

Ⓟ**結論を確認**していています。

POINT

Ⓔ**具体的なエピソード**になります。

POINT

Ⓡ相談する**理由**が書かれています。

ワーク◎C

71ページのテンプレップの法則の図表を見ながら、ワークAで書いた説明文の順番を変えてみてください。

第3章

説明で一目置かれるようになる「かみ砕く力」

19 かみ砕く力には大きく分けて2つある

◉「わかりやすく」して相手がわかる言葉に「置き換える」

第1章で「相手の心をつかむ方法」を、第2章で「話を整理する方法」をお伝えしました。ここまで完璧にマスターしたとしても、使っている言葉が難しいと、たちまち相手の理解のスピードが落ちてしまいます。

メーカーの技術系スタッフが新商品の性能を営業部に説明するときに、機械用語を連発していたら伝わりません。電化製品の使い方がわからなくてコールセンターに電話したとき、オペレーターが専門用語ばかり使っていたら、どうでしょう?

固いものを食べたときは、消化しやすくするために歯でかみ砕きますよね。同様に頭にすんなり入らないような言葉――難解な言葉、専門用語、相手が知らない言葉などを「かみ砕いて」あげれば、相手はぐっと理解しやすくなります。

このかみ砕くという行為は、2つの段階があります。

最初の一歩は、相手がわかるように、難しい言葉を平易な言葉に言い換えて「わかりやすくする」ということです。

ぼくが会社に入りたてのときに先輩社員から「情シスに承認とっておいて」と言われて「?・?・?・」となったことがあります。

慣れてくるにつれ、「情シス＝情報システム、転じて情報システム部門の略語」と理解できましたが、最初に言われたときはまったくわかりませんでした。最初に説明するか、せめて略さずに「情報システム部門」と言ってもらえたら、もっとすぐに理解できたはずです。

略語以外にも、カタカナ語、漢字が並んでいる言葉なども、理解しにくい言葉です。これらを「わかりやすくする」ことは、やさしい言葉に言い換えるコツを覚えて練習すれば、誰でも身につけることができます。

そして**二段階目は、「置き換える」**ということです。

突然ですが、みなさんは「ＥＳＴＡ」をご存じでしょうか。旅行好きな方なら、見たことがある言葉かもしれませんね。では、これから「ＥＳＴＡ」について2種類の説明をしてみます。どちらがわかりやすいでしょうか？

①アメリカ政府が運営する専用ホームページに登録して、パスポートナンバーや現住所や年齢などの情報を入力し、クレジットカードで14ドル支払えば取得できます。

②要はビザのようなものです。

①のほうが正確な情報ですが、理解しやすさという点では、圧倒的に②に軍配を上げる方が多いのではないでしょうか。

「ＥＳＴＡ」という聞き慣れない言葉でも、「ビザ」というすでに知っている言葉に置き換えることで、ぐっとわかりやすくなり、くどくど説明しなくても「海外に行くときに申請が必要なものなんだな」ということまで察してもらえるはずです。

このように、**「あなたが知っている○○と同じです」と置き換えてあげることも、表現を「かみ砕く」こと**だと言えます。

かみ砕く力 ファーストステージ1 言葉を開く

◉難しく感じる言葉を言い換える

The plain explanation

では、さっそくですが、「かみ砕く」練習をしていきましょう。

「多くの人が難しいと感じる言葉／簡単だと思う言葉」があります。まずはこの**「多くの人が難しいと感じる言葉」を使わず、「簡単だと思う言葉」に変えていく**のです。

たとえば、**難しいと感じる言葉の中には、「動きを表す名詞」があります**。「変動（変わること）」「習得（身につけること）」などです。

これらは実際には動きを表していますが、形式上は「名詞」です。こうした言葉を多用すると文章は硬くなり、相手はすんなり意味を理解できなくなります。

こういった名詞は、そのまま動きを表す動詞に変えるほうが伝わりやすくなります。

次の文例は、どれも新聞に出てくるような硬めの文章ですが、名詞を動詞にすることで、一気にわかりやすくなると思いませんか？

・大幅な需要**変動**が混乱を招いた → 大幅に需要が変わったため、混乱した
・英会話の**習得**はこれからますます重要になる → 英会話を身につけることは、これからますます重要になる
・消費者の**購買動向**を調査する → 消費者が、どのようにモノを買っているかについて、調べる
・高齢者の**嗜好する**商品 → 高齢者が好む商品

また、**「○○化」「○○性」「○○的」といった接尾語も、言葉を難しく感じさせる要因のひとつ**ですが、これらもやわらかく「かみ砕く」ことができます。

たとえば**「○○化」は、状態の変化を表す言葉ですが、「○○化」→「○○になること」というふうに言い換えることができます。**

・10期ぶりに**黒字化**を果たした ↓ 10期ぶりに**黒字になった**
・**少子化**による影響 ↓ **子どもが少なくなる**ことによる影響
・業務プロセスが**可視化**される ↓ 業務プロセスが**見えるようになる**

「○○性」は「○○に由来する」「○○である」という「性質」を意味します。「○○性××」や「××の○○性」というように使われることが多いので、**「××が○○であること」というように、主語と述語に開いて表現するとわかりやすくなります。**

・**植物性由来**成分でできている ↓ **植物から作った**成分でできている
・システムの**脆弱性**が原因だ ↓ システムが**脆弱であること**が原因だ
・表現の**多様性**は文化である ↓ 表現が**多様であること**は文化である
・学歴の**有意性**を疑う ↓ 学歴が**意味を持っているかどうか**疑う

「○○的」は、「○○のような」「○○っぽい」という意味で、「性質」を表します。
もともと少しあいまいな状態を表していますが、最近はさらに乱用され、「説得的な文章（説得力があるような文章）」「雑誌的販売戦略（雑誌のような販売戦略）」という表現も見かけます。

どんな言葉にも「的」とつけると通じるように思えますが、万能ではありません。もともとあいまいな言葉ですから、相手にもあいまいにしか伝わりません。

「○○的××」も「○○のような××」「××が○○であること」と開いてわかりやすくしましょう。

- **未来的**空間→**未来のような**空間
- **多面的**機能→機能が**多いこと**
- **時間的**優位性→**時間という観点でみると**、優位であること

余談ですが、この「的」という言葉は、もともとは日本に英語が入ってきたときに「fantastic」「systematic」などの「tic」をうまく日本語にできず、「○○っぽい」という意味で「的」という言葉をあてたそうです。語源からしても「あいまいな言葉」だったのですね。

The plain explanation

かみ砕く力 ファーストステージ 2 英語・カタカナ語はNG

◉自分が説明できない言葉は使わない

普段の会話で、英語やカタカナ語を使うことも多々あります。

タクシー、テレビ、インターネットなど、既に日本語になっている単語は、そのまま使って問題ありません。

しかし、なかには「よく意味がわからないけど使っている」という単語もあるでしょう。もし、使っている本人が「よく意味がわからない」のであれば、相手に伝わるはずがありません。相手が違う意味でとらえる可能性もあります。

カタカナ語を使うと、なんとなくわかった気にさせるものの、本当のところは理解されないことが多いからです。

カタカナ語を使いたがる人は、往々にしてそれを連発するので、「わかったつもりでよくわからない」状態が積み重なって、聞いているほうは結局ちんぷんかんぷんになってしまうのです。

たとえばこんなメッセージを聞かされたとしましょう。

「ここで、本日のミーティングのアジェンダをラップアップします。スピード感のあるディシジョンメーキングが求められるこの時代、わが社のコア・コンピタンスを見つめ直し、ドラスティックな業務改善が必要です。各ディヴィジョンは業務のプライオリティーを再確認し、中核プロジェクトにフルコミットしてください。また、チームメンバーのエンパワーメント、ナレッジ共有も重要な課題となる、ということでした。本日の欠席者には各自シェアをお願いします」

これを〝シェア〟されても、ほとんどの人が、具体的にこれから何が行われるのかイメージができず、「わかったつもり」で終わってしまうはずです。

英語やカタカナは使わず、日本語で伝える訓練をしていきましょう。

ここに使われているカタカナ語は、次のようにすべて日本語で言い換えが可能です。

・ミーティング→会議
・アジェンダ→議題
・ラップアップする→まとめる
・スピード感のある→迅速な
・ディシジョンメーキング→意思決定
・コア・コンピタンス→競合他社より圧倒的に優れている強み
・ドラスティック→徹底的な
・ディヴィジョン→部署
・プライオリティー→優先順位
・プロジェクト→計画
・フルコミットする→責任を持って取り組む
・チームメンバー→部員
・エンパワーメント→能力を開花させること
・ナレッジ→知識
・シェア→共有

これらを元に、先ほどのメッセージを書き直してみましょう。ついでに日本語もなるべく平易に直してみます。

「ここで、本日の会議の議題をまとめます。迅速な意思決定が求められるこの時代、わが社の強みを見つめ直し、徹底的な業務改善が必要です。各部署は業務の優先順位を再確認し、中核となる計画に責任を持って取り組んでください。また、部員の能力開発、知識共有も重要な課題になる、ということでした。本日の欠席者には各自共有をお願いします」

場合によっては、カタカナ語を使うほうがラク、ということもあるでしょう。でも、そこはぐっとこらえて、**小学生がわからない英語・カタカナ語は「絶対使わない」**くらいの意気込みで考えなければいけません。

かみ砕く力 ファーストステージ3 省略せず正確に

◉相手が同じ解釈をするとは限らない

「カタカナ語」と同様に気をつけていただきたいのは「省略語を使わない」ということです。

たとえば、「マクドナルド」は、ぼくが育った千葉県では「マック」と呼びます。しかし、大阪では「マクド」といいます。どちらもマクドナルドを指していますが、表現が違うために伝わらないケースがあります。

自分が慣れているからといって、読み手も同じ解釈をすると考えてはいけません。省略語もクセになりがちなので、次のように意識的に戻していきましょう。

・アクセ → アクセサリー

・サプリ→サプリメント
・スタバ→スターバックス
・イメトレ→イメージトレーニング

また、**社内で使っている「略語」にも気をつけなければいけません**。

ぼくが以前勤めていた富士フイルムでは、「KY」という言葉を「危険予知」という意味で使っていました（メーカーでは、同じ意味で使うことが多いようです）。「起こりうる不具合や、事故を前もって予測しておくこと」が「危険予知」です。それを「KY」と略して呼ぶのです。

社内の打ち合わせで「ここはKYをしっかりやらないとね」「今回のトラブルは、KY不足が原因だよ」という会話がされていました。社内では共通言語でしたから、チーム内で使うのはまったく問題ありません。しかし、この「KY」という単語を社外向けの資料に入れてしまうと、ややこしい話になります。

KYを危険予知の意味で使ったことがない人には、「KYが足りなかった」と伝えても、何が言いたいのかさっぱりわからなくなってしまうんです。

さらに厳禁なのは、自分オリジナルの略語です。たまに、「うまい表現見つけた！」とでも言いたそうなオリジナル略語を見かけますが、伝わりません。

以前、テレビで「スメハラ」「イクボス」の特集をしていました。これだけ聞いて、何のことかわかるでしょうか？

「スメハラ」は、スメル（におい）・ハラスメントの略で、臭くて迷惑をかけているということを意味するそうです。

「イクボス」は、育児に理解のあるボスのこと。イクメン（育児をするメンズ）からの流れで作られた言葉のようで、「男性の従業員や部下が育児参加することに対し、理解のある経営者や上司のこと」だそうです。

こうやって事前に説明すれば理解はできますが、いきなり、

「もっと働きやすい会社を目指したいので、◯◯課長には、ぜひイクボスになってもらいたいんです」

といって伝わるでしょうか。

省略すれば、いろんな意味を短い単語内に含むことができます。しかし、その単語を知らない人には何も伝わらないのです。

23 かみ砕く力 ファーストステージ4 言葉をそろえる

◉同じ言葉は言い換えずに繰り返す

ぼくが子どものとき、国語の授業では「同じ言葉は繰り返さずに、言い換えるのがよい」と教わりました。作文を書くときには、同じ単語は何度も使わず、同じ意味の違う言葉に変えるように指導されましたし、国語の教科書に出てくる文章でも、〝言い換え〟が頻繁にされていました。

しかし、**ビジネスの現場で、同じ意味を表すものに複数の単語を使うと、非常にわかりづらくなります**。

かつて仕事で出向いた場所で、配布物・提出物の確認をされました。

「みなさんにお配りしているのは、筆記用具、アンケート用紙、黄色の説明用紙、それらのほかに今回の流れを記載した資料が5枚あります。みなさん、全部お持ちでしょうか？（中略）では、最後に記入用紙に必要事項を書いて、提出してください」

こう説明を受けました。

しかし、その場にいた多くの人が、その〝記入用紙〟がどれのことだかわからず、困惑していました。

実は、その〝記入用紙〟とは、最初に説明を受けた〝アンケート用紙〟のことだったのです。「最後にアンケート用紙に必要事項を書いて〜」と言えば、すんなり理解できることでした。

1枚ずつ資料を読めば、先方が出してほしい資料がどれかはわかりました。また、そもそもそんなに難しいことを求められているわけではありません。しかし、言葉を変えたので、ほとんどの人に伝わらなかったのです。

言葉が変わっただけで一気に伝わらなくなります。**「同じものを指すときには同じ言葉で」**を徹底しなければいけません。

それでも難しい言葉を使ってしまう理由

◉自分の「一般用語」は本当に一般的？

ここまで、カタカナ語などをわかりやすくする練習をしてきました。同様にやっかいなのが、専門用語です。「専門用語を使ったら、理解してもらえない、だから専門用語を使ってはいけない」というのは、直感的にも同意いただけることかと思います。

しかし実際は、専門用語で語られていることは非常に多く、多くの人が「専門用語が入っているので、相手の話を理解できない」という不満を感じています。

要するに、**みんな専門用語を使ってはいけない、と思いながらも、実際は使っているのです**。なぜでしょうか？

理由は大きく分けて2つあります。

1．それが専門用語だと気づいていないから

専門用語は、専門家からすれば「日常用語」です。自分たちは日常的に使っているので、もはやその言葉が専門用語だと気づかなくなっていることがよくあります。

特に、普段狭いコミュニティでしか会話していない場合、つまり、いつも同じ人たちとしか会話をしていない場合、「そのグループ」で通じる言葉を「一般用語」と感じ始めてしまう傾向があります。

SEやプログラマー、技術職の人にこのような傾向が強いです。こうした方々は非常に専門的なテーマを、決まったメンバーと一緒に考え、仕事をしています。相手も同じテーマを熟知しているため、そのメンバーで話すときには、専門用語での会話が可能ですし、むしろ専門用語で話したほうがよっぽどわかりやすいわけです。

2．その言葉でしか表現できないから

専門用語はわかりづらいと知りながら、専門用語を使ってしまうもうひとつの理由は、「その内容を表現するためには、その言葉を使うしかない」と思っている、ということがあります。

内容が専門的になればなるほど、その事柄を表す言葉が限られてきます。一般用語であれば、何通りかに言い換えができることでも、専門用語は「言葉を変えると意味も変わってしまう」ということがあります。

だから、「わかってはいるけど、この言葉しか使えないから、仕方ない」と考えて、専門用語で語ってしまうのです。

こうやって、専門用語だらけの、わかりにくい説明が生まれます。

次の文章は、Ｇｏｏｇｌｅが発表した新しいビデオ会議システムの説明です。どのようなシステムで、何をそろえる必要があるか、みなさんおわかりになるでしょうか？

「ソフトウェアはGoogleサービス共通のメッセージング／ビデオ通話サービスであるハングアウトがベース。設置した会議室どうしのほか、ノートＰＣからでもスマートフォンからでも、ハングアウトを介して15名までが同時にビデオ会議に参加できます」「既存のビデオ会議システムとの接続はVidyoが、昔ながらの電話からの会議通話参加はUberConferenceのツールが利用可能です」

「また Chrome OS とハングアウトを利用するため、参加者のＰＣ画面をケーブル不要でリアルタイム共有したり、ドキュメントを参加者全員で参照するｅｔｃにも対応します」

ぼくは、ビデオ会議に興味があって、この資料を見たわけですが、「この会議システムは、相手側にも機材が必要なのか」という基本的なこともわからず、これ以上検討を進めることはできませんでした。

同じようなメンバーと話しているぶんには、専門用語を多用しても問題ありませんが、プレスリリースを書く、プレゼンする、専門知識のない相手に話すなど、外部に対して説明する場面では、支障をきたすこともあるでしょう。

たしかに専門用語を平易な言葉に言い換えるのは難しいかもしれません。でも、**「相手がわかる言葉」とは、まったく同じ意味の言葉とは限りません**。平易な言葉に言い換えるのと同じように、いや、**もっと有効なのが「置き換える」という技術**です。

その技術について、次項以降でじっくり解説していきましょう。

新しいビデオ会議システムについて説明をするとき

またChrome OSとハングアウトを利用するため、参加者のPC画面をケーブル不要でリアルタイム共有したり、ドキュメントを参加者全員で参照するetcにも対応します。

POINT

- 専門用語をいきなり出されても、門外漢の相手には伝わりません。
- 「リアルタイム」「ドキュメント」といったカタカナ語も伝わりにくくなる要因です。

またGoogleが開発した「Chrome OS」と音声通話アプリの「ハングアウト」を利用するため、ケーブルを使わずに、自分のパソコン画面を別の会議参加者に見せながら説明したり、会議資料や議事録などの文書を参加者全員で見たり……といったこともできます。

POINT

- "Googleが開発した""音声通話アプリの"と補足することで、説明がぐっとわかりやすくなります。
- 具体的な表現をすることで使用例がイメージしやすくなります。

改めて、人はどのように言葉を理解するのか

◉「心像」と「スキーマ」について知っておこう

「置き換える」の具体的な説明に入る前に、**人が言葉を理解するときのメカニズムについてお話ししておきます**。

東大名誉教授の畑村洋太郎さんが書かれた『直感でわかる数学』（岩波書店）という本の中に、

「（わかるとは）あらかじめ頭の中にテンプレートという、その人なりの『考えの脈絡』のようなものがあって、外から来たものがそれにピッタリ合致する、ということ」

という記述があります。

106ページの「ＥＳＴＡ」の例で言うと、「ＥＳＴＡはビザのようなもの」という説明は、ぼくたちのあらかじめ頭の中にあった「海外に行く際にはビザみたいな許可証が必要な場合がある」というテンプレートに「ＥＳＴＡ」が合致すると伝えたことになります。

相手がわかる言葉に置き換えるということは、頭の中にあるテンプレートに合致させるということなのです。

さらにもうひとつ、大切なポイントがあります。それは**「頭の中にあるテンプレートは、人によって違う」**ということです。

人間は、言葉が情報として入ってきたとき、実は文字列で理解するのではない、ということをご存じでしょうか。その文字列をイメージに変換して理解するのです。

だから、まったく知らない言葉など、イメージに変換できない言葉は理解することが不可能なのです。この、**変換したイメージを、認知心理学では「心像（しんぞう）」と呼びます。**

そしてイメージに変換するときには、同時にそこから連想する情報も思い浮かべます。**この連想した情報は「スキーマ」と言います。**

たとえば「遠足に持って行きやすい果物を用意しました」と言われたら、多くの人にはバナナというイメージ（心像）が浮かぶのではないでしょうか。そして同時に、

▶人間が言葉を「理解する」しくみ

●人は外部から情報を得ると**「心像」**を作り上げる
= まったく知らない言葉は「心像」を作れない

●心像とともに**「スキーマ」**(連想、固定概念)を
呼び起こす

バナナから連想される「ナイフがなくても皮がむける」「種がないから食べやすい」といった情報（スキーマ）も浮かぶことでしょう。

これで、実際にはリンゴとナイフを渡されたら「?・?」となりますよね。でも、世の中には「リンゴは傷みにくく持ち運びしやすいから、遠足に向いている」と考える人もいないわけではないのです。

つまり、**「わかりやすい」言葉の正解は、相手によって異なる**ということです。

この理解のメカニズムを認識することが、言葉を「置き換える」際のポイントとなります。

かみ砕く力 セカンドステージ1 相手を特定する

◉誰に向けて説明しているのか

いよいよ、言葉を置き換えるトレーニングを始めましょう。
肩慣らしとして、次の言葉を別の言葉に置き換えてみてください。
①マクドナルド
②iPad
正確に説明しようとせず、「要するに◯◯みたいなもの」とざっくり答えてみてください。

まず考えなくてはならないのは、**誰に説明するのか**、ということです。
45ページで、説明のつかみを考える際に、まず「誰に」説明するかイメージする作業を行いましたね。そこで考えたことを思い出してください。
単に「上司」ではなく、「外出する前の、時間のない上司」というように、その相手の状況も含めて考えます。また、**「せっかち」「カタカナ語は苦手」など、相手の特徴も真剣に考えてみましょう**。

「はじめに」でもお話ししたように、ぼくは、朝の情報番組『とくダネ!』にレギュラーコメンテーターとして出演し、時事問題について意見を言ったり、解説したりしています。

『とくダネ!』の視聴者は幅広く、放送時間が8時〜9時50分のためか、主婦の方や学生さんも多く見ています。

ビジネスパーソンと、主婦や学生の知識や常識は大きく違います。ビジネスパーソンには通じる言葉でも、主婦にはわからない、ということもよくあります。

また、この時間帯は、主婦の方は家事の最中か、一段落して休憩をしている状況だとも考えられます。画面に集中して見ているというよりは、ながら視聴をしていたり、ぼんやりと見ている方もいらっしゃるでしょう。そうなると、ますます頭にすっと入るような言葉でないと、理解してもらえません。

先日『とくダネ！』で、日本舞踊の後継者問題で裁判をやっている、というニュースが取り上げられました。さまざまな流派があって、それぞれが除名された／除名されないでもめているなど、問題が複雑になっており、イマイチ問題の本質がつかみにくい状況でした。

そこで**ぼくは「要するに、遺産相続みたいな感じですよね」とコメントしました。**

視聴者の多くは、日本舞踊の流派はわからないでしょう。

でも遺産相続であれば、身近なテーマでもあるし、よくドラマなどの題材にもなっているので、頭の中にテンプレートとして存在しているはずです。

「遺産相続みたいなもの」と言葉を置き換えることで、視聴者は「そういう感じのドロドロした状況なのね」とざっくり把握することができます。そうなればしめたもの、一気に理解が進むはずです。

さて、先ほどのマクドナルド、iＰａｄをかみ砕いてみます。ポイントは、「相手が

▶説明する相手を思い浮かべて「届く言葉」を探そう

知っている言葉に置き換えること」「要するに、○○と一緒」と表現することですね。

①マクドナルド

ハンバーガー屋さん、カフェ、ロッテリア。

※もちろん、ロッテリアはマクドナルドではありません。ですが、仮にマクドナルドを知らず、ロッテリアを知っている人がいたら、その人には一番わかりやすい表現ではないでしょうか？

②iPad

iPhoneの大きいやつ、キーボードがついていないパソコン。

いかがでしょうか？「正確じゃない」「厳密に言うと違う」という反論を恐れないでください。まずは大枠をつかんでもらうことが大切です。

「なんとなくこんな感じだな」というイメージが共有できたら、そのあとに「でも厳密に言うと違いもあってね」と補足をすればいいんです。

最初から重箱の隅をつつくような違いを説明しても相手は理解できません。まずは勇気をもって「要するに、あなたが知っている○○と一緒」と表現しましょう。

「相手のことを考える」というのは、口で言うほど簡単なことではありません。

まずは話す相手のバックグラウンドを想像してみてください。相手がどんな生活をしているのか、会社にいるときはどのように仕事をしているのか、どんなテレビや雑誌を見ているのか……ヒントはあちこちにあります。**相手になりきって、相手の立場や行動パターンまで考える。そこから、相手に届く言葉が見つかるのです。**

では、相手を想定して「置き換える」練習をしてみましょう。

まず、あなたの会社で使っている専門用語をひとつ挙げて見てください。それを**「要するに（あなたの知っている）○○みたいなもの」**というふうに、相手に理解しやすい言葉に置き換えることを意識してみてください。

学生に対して説明するとしたら、どんな言葉に置き換えますか？

別業種に進んだ同級生に対して説明するとしたら、どんな言葉に置き換えますか？

実家で母親に対して説明するとしたら、どんな言葉に置き換えますか？

かみ砕く力 セカンドステージ2 同じ心像を作る

◉正しい言葉を使えば伝わるわけではない

よく、相手にうまく説明できなかったことに対し、「こっちは正しいことを言っているのに、相手が理解できないのが悪い」と言う人がいます。

きちんと調べて正しい情報を伝えたのに、それが伝わらないのはがっかりすることだとは思います。でも、自分の正当性を主張するだけでは、一歩も進めません。**「正しい言葉を使えば正しく伝わるわけではない」**と認識しておくことこそが、大切なのです。

2003〜04年頃、ぼくがサイバーエージェント社にいたときの話です。当時は、インターネットの知名度は上がってきていたものの、まだまだ知らない人もたくさんいました。ぼくはインターネット広告の営業マンとして、ある自動車部品の会社に売り込みに行きました。

ただ、その会社はホームページを持っていなかったので、まずはホームページを作りましょうという提案から始めました。

ぼく：「これからはインターネットの時代じゃないですか」
社長：「そうだね」
ぼく：「でも、御社はホームページ持ってないですよね」
社長：「そうだね」
ぼく：「ホームページ作りましょう」
社長：「いや、いらない、うちは」

何度も同じやりとりを繰り返しました。社長は、「これからはインターネットの時代」ということには同意するものの、ホームページについては頑なに「いらない」と言います。しかもそれが、「変なもの買わされたくないから」ではなく、真顔で、「そんなものはうちには必要ない」というような反論をするのです。

途中で、「これは何か誤解しているな?」と気づき、持っていったパソコンで、「もしかしてこれを想像していますか?」と言って「Yahoo!」のトップページを見せたところ、社長は、「うん、これでしょ。ホームページ」と言いました。

その社長は、ホームページ=「Yahoo!」のような検索サービスだと思っていたようなのです。ぼくが「ホームページ」と言うたびに、社長の頭の中では「Yahoo!」のトップページが浮かんでいたのです。つまり、ぼくの「ホームページを作りましょう」という提案は、「御社もYahoo!を運営しましょう」と聞こえていたということです。

そりゃあ「いらない」って言いますよね。だって、自動車部品の会社なんですから。

ここで大事なのは、正しい言葉を使うことではありません。たしかにぼくの言葉は正しくて、誤解しているのは社長です。しかし、社長の頭に違うイメージがある以上は、イメージのほうに働きかけるしかありません。すなわち、**自分と同じイメージを持ってもらうように、言葉を「置き換えて」投げかける**ことです。

▶相手の頭の中に「同じ心像」を作らなければ伝わらない

・同じ言葉から、「違う心像」が作られることがある

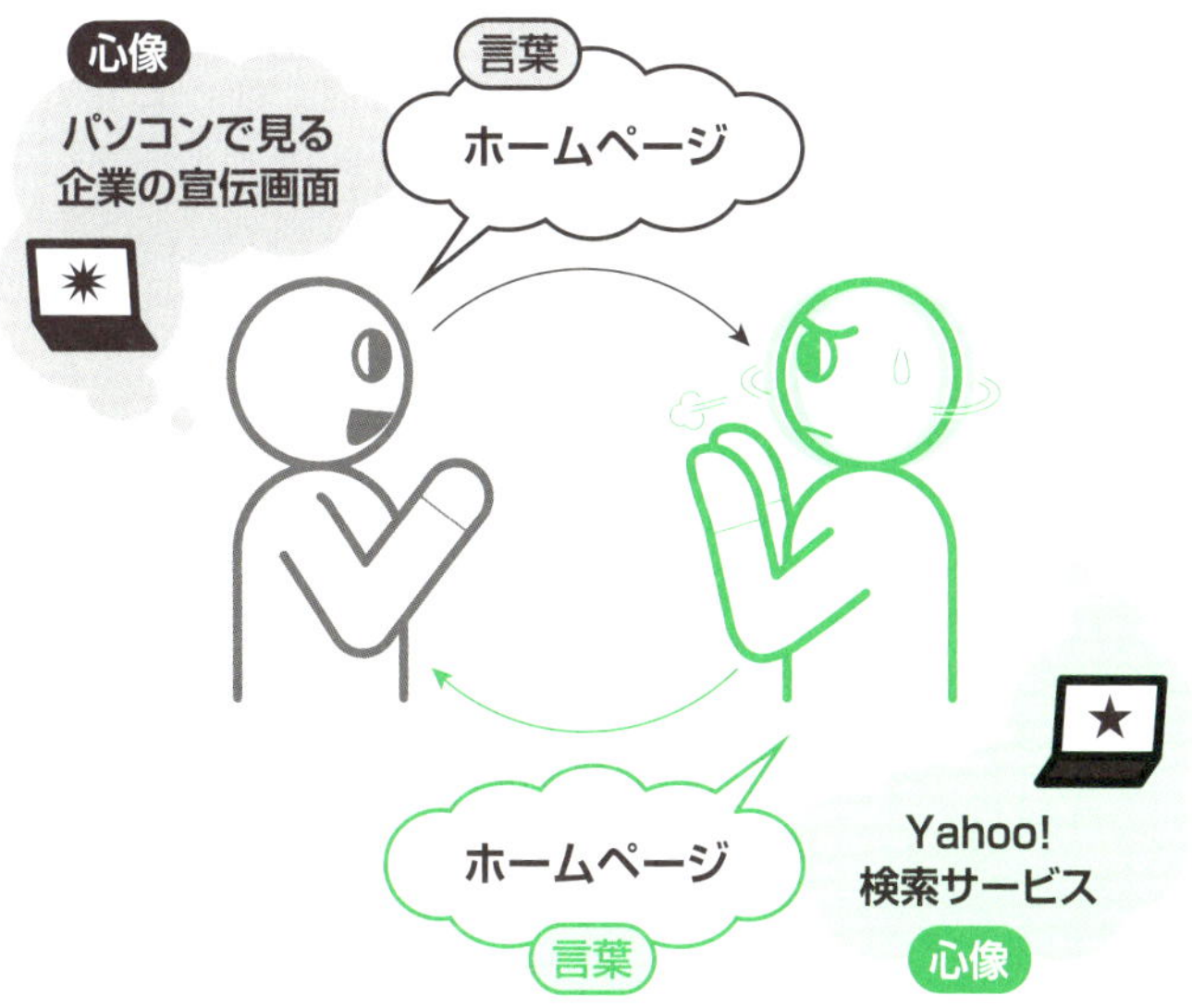

・重要なのは文字ではなく、「同じ心像を作る言葉」

「正しい言葉を使えば正しく伝わる」わけではない

ぼくは「ホームページ」という言葉はいったん封印して、「パソコンで見る企業の宣伝画面を作ってください、ということなんですけど」と言いました。

すると社長は、「ああ、そのこと言っているのね、木暮くん。それは作ろうと思っていたよ。お隣さんも作ったって言ってたし」とあっさり同意。無事にホームページを作ってもらえました。

でも、何年かしてもその社長は「Ｙａｈｏｏ！」のことをホームページと呼んでいました。**それぐらい人間の心像は根強いものなのです**。

「正しく説明しているのに、何で理解できないんだ」と言うのが的外れということをご理解いただけましたでしょうか。それよりも、人の理解のメカニズムを知って、どういう言葉を投げかければ、自分と相手の心像が一致できるかを考えるべきなのです。

かみ砕く力 セカンドステージ3 スキーマを一致させる

◉相手とのズレをチェックする

相手に言葉を投げかけて、同じイメージ（心像）を持っていると確認できたとします。よし、伝わったと思っても、まだ安心してはいけません。**イメージしているものは一緒でも、そこから連想する周辺情報（スキーマ（127ページ参照））が違うということもある**のです。

これは、ぼくのスキーマがずれていた例です。自動車保険に入られている方も多いと思いますが、ちょっと想像してみていただけますか？

あなたの車が信号待ちで止まっていたら、後ろから追突されました。あなたには落ち度はなく、俗に言う過失割合が10対0の状態だとして、その後にどういうことが起こるでしょうか。

事故なので警察に連絡して、次に保険会社に連絡します。そして保険金のやりとりなどが発生しますよね。事故を起こした側は、契約している保険会社が出てきます。ではこっちはというと、**自分で対応しなくてはいけないんです**。

保険会社というのは、自分に過失があるときに出てきてもらう、お金を負担する係です。逆に負担するお金がない場合、出る幕がないといって出てきてくれないんです。追突されたらケガを負っているでしょう。もしかしたら、松葉杖をついているような状態かもしれません。それでも、加害者側の保険のプロと交渉しなきゃいけないのです。

もちろん、保険の重要事項説明書などには説明されていたのかもしれませんが、ぼくは「保険会社は、事故にあえば当然出てきてくれるもの」と勝手に想定していたので、すっかり勘違いをしていました。

ぼくと保険会社では、「自動車保険」という心像は一致しています。しかし、ぼくのスキーマは「保険会社は事故に遭ったら処理してくれる」、保険会社のスキーマは

▶スキーマ（言葉から連想する周辺情報）を一致させよう

●相手が違うスキーマを持っていたら伝わらない

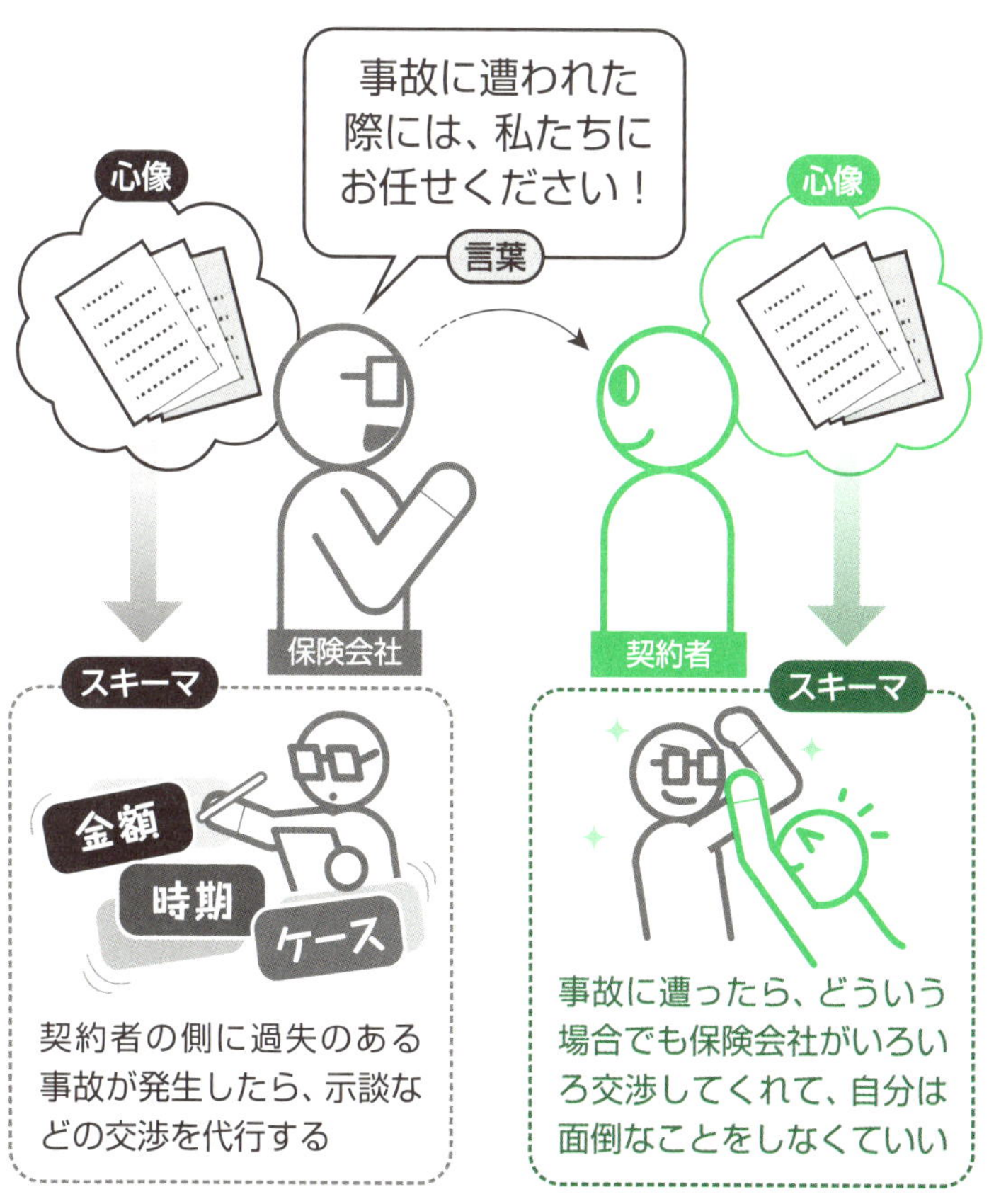

「保険会社は〝過失〟事故があったら処理する」と、不一致が生じていたのです。

これがズレた状態だと、さらっと説明を受けた程度では頭には入ってきません。

こういうズレは、契約時などには表面化しないものです。いざ、事故に遭ったときにわかり、そこでトラブルになるものなのです。

このように、**説明をするときは、相手と自分の想定が違う、という前提を理解して、言葉を選ばなくてはいけません**。

話す相手が保険会社の同僚なら、ほぼスキーマは一致しているでしょう。では、保険を申し込もうとしているお客様なら？　同じお客様でも、初めて自動車保険を申し込む人、前に別の保険に入っていた人、事故経験がある人で、それぞれスキーマは変わってきますし、説明の言葉も変えなくてはいけません。

ワーク◎D

ワークCで並べ替えた文章を読み返して、平易に言い換えられる言葉や、かみ砕いたほうがわかりやすい表現があれば、直してください。

第4章

最短・最小限の説明で「人を動かす力」を磨く

29 相手が「再現」できるように説明する

◉説明したのに動いてくれないのは、なぜ？

「説明」をテーマにした研修などを行っていると、自分が言っていることをわかってもらえない、という悩みを抱えている人によく出会います。

その悩みを突き詰めていくと、「きちんと説明したのに、意図した通りに相手が動かない」ということだったりします。特にビジネスでは、営業や部下指導、社内連絡など、最終的に相手を動かすために説明をすることが多いので、それがうまくいかないというのは、切実な問題です。

ひとくくりに「わかる」という言葉に集約していますが、実際は、**「わかる」は3つの階層に分解することができます**。

最初の階層は、話の内容を把握するという過程です。 これは当たり前のことですが、相手が言っていることが把握できなければわかったということになりません。相手が把握できるような言葉で情報を渡す方法は、これまでの章で学んできた通りです。

ただ、「わかる」とは、把握して終わりではありません。

次の階層として、「納得」という過程があります。

「上司の言っていることはわかるけどムカつくから嫌だ」などと思われてしまうと、説明の内容が伝わったとしても、その後の行動には結びつきません。

さらにもう一段階あります。それが話の内容を「再現する」というステージです。

人間は、一回聞いただけでずっとコンピュータのように覚えていられるわけではないですね。

ドイツの研究結果によると、人間は一度覚えた情報でも、翌日には74%忘れるそうです。本人は覚えているつもりでも、約4分の3のことは抜け落ちているのです。説明を把握して納得したとしても、それを忘れてしまうならば意味がありません。

そうなると、「昨日説明したポイントって覚えてる?」と部下に聞いて、「覚えています」というリアクションが返ってくるだけではダメです。

「昨日説明したポイントって覚えてる?」と部下に聞いたら、「昨日のポイントは○○で、私がやらなければいけないのは△△△でしたね」と、その部下が一人で再現できるところまで定着させなければいけないのです。

そこまで落とし込んで初めて、「わかった」ということになります。

しかし、**この「再現する」過程をないがしろにしている人がとても多い**のです。

一度説明して理解してもらったからいいだろうとすませた結果、相手が動かなくて、また同じ説明を繰り返すことになれば、結局は時間のムダになります。

「忘れてしまうほうが悪い」と考えるのではなく、説明を発信する側が、相手がポイントを理解して再現できるように、工夫しながら伝えなくてはいけません。

もちろんこれは、長々と説明するということではありません。相手が再現しやすくするには、なるべく短く、でも意図はわかりやすくしなくてはいけません。

そのためには、相手への要望はわかりやすくまとめる、意図のわかりにくい表現や、あいまいな表現、誤解を招く表現は徹底的に避けるなどのコツがあります。

最短・最小限の説明で相手を動かすのが、この章の目標です。

▶「わかる」は3つの階層に分けて考えよう

30 何のための部下指導？

◉目的のわかりにくい指示では人は動かない

昔、勤めていた職場に、何も説明のないまま注意だけをする人がいました。

ぼくが何か仕事をしていると、その内容をまったく見ずに「お前、それでエエのか」と言います。ぼくが「何が？　どこが？」と混乱していると、そのまま立ち去ってしまうのです。

上司から注意されたら、ふつうは何か見直さなきゃいけないのだと思ってしまいます。自分なりにここが間違っているのかな、などと考えて変えた結果、余計にわかりにくくなってトラブルになることがけっこうありました。

今思えば、その上司は単純に「仕事は考えてやるものだぞ」ということを言いたかったのだと思います。とにかく人の書類をチェックするのが大好きな人でした。書類を提出すると、真っ赤になるくらい赤字が入るわけです。「わかりました」と言って、その赤字の部分を修正して再提出すると、また赤字がガーッと入り、それを4往復くらい繰り返すことになります。そこまで慎重に作成するなんて、どんな重要な文書かと思いますよね。でも実際は会議の開催を呼びかける社内文書とか、報告書レベルでそのようなやりとりが行われていたのです。

だんだんとぼくの書いた原稿は原型を留めないくらい変わってしまうのですが、赤字を入れている上司自身も訳がわからなくなってきたりして……とにかく何か言いたいだけなのですね。

ライオンは自分の子どもを谷底に突き落として、這い上がってこいと教育するといいますが、人間の場合は勝手が違います。何がいけないのか、何をしてほしいのか、明確な説明のないままに指示をしても、やりとりが増えて時間のムダですし、お互いストレスばかりが積み重なっていきます。

今の時代、**目的のわかりにくい根性論では、人は動きません。自分の時間も相手の時間も奪わないように、素早く、明確に意図を伝えていく**ことが求められているのです。

31

「察してほしい」では通じない

◉ニュアンスではなく具体的に伝える

誰かに何かを頼まれたとき、「……で、あなたは何をしたいのでしょうか？　私に何を期待しているのでしょうか？」と聞きたくなるケースが多くみられます。

日本には察してもらう文化があるため、意図や依頼事項を明確に表現せず、〝にごす〟ことがあります。つまりは、「最後まで言わないけど、察してね」ということですね。

それはそれで奥ゆかしい文化ですが、それが通用するのは、お互いに背景や暗黙の前提を共有している場合だけです。

意思の疎通には、２種類あります。

「コンテクスト・コミュニケーション（文脈で伝えること）」と「コンテンツ・コミュニケーション（内容で伝えること）」です。

コンテクスト・コミュニケーションとは、前提知識をもとに、暗黙の了解や雰囲気で意思の疎通を図ること、と考えてください。

たとえば、月末最終営業日の午後、営業目標達成率が99・9％だったとします。ここで上司が、

「絶対やりきるぞ！」

とメンバーに発破をかけます。

メンバーも、

「はい、絶対やりきります！」

と答えるでしょう。

このやりとりでは、何をやりきるのか、やりきるとはどういうことなのか、という内容が一切出てきていません。でも、上司が言っていることはわかります。「あと数時間しかないけど、何としてでも営業目標をクリアーしよう！　みんな、営業頑張って

くれ！」ということですよね。

内容を言わずにその場の文脈・流れで意思の疎通を図るのが、コンテクスト・コミュニケーションです。日本ではこのコンテクスト・コミュニケーションが占める割合が非常に高いと感じます。

しかし、このやりとりが成立するのは、上司と部下で、ある共通認識があるからです。それは「営業目標を達成しなければいけない」という前提です。

「営業目標を達成しなければいけない」という命題に対し、「なぜですか？」と疑問に感じる人がいたら、会話が成立しなくなります。

上司がいくら声を大にして「絶対やりきるぞ！」と吠えても、「やりきるって、何をですか？」という質問が出てきてしまいます。もちろんこれは〝やる気がない社員〟には会話が通じないということではありません。

そもそも「達成率99・9％と達成率100％は全然違う」、「最後の0・1％を獲得することが今月の成功を意味する」、という共通認識がなければ、「絶対やりきる」が指している意味が理解できないわけです。

もうひとつのコンテンツ・コミュニケーションは、それとは違います。先ほどの例に重ねて説明すると、これは**「具体的内容を示して意思の疎通を図る」ということです。**たとえば、「絶対やりきろう！」ではなく、「今日の夕方17時までに、売上をあと50万円増やそう！　みんな、既存のお客様全員に、再度電話をかけて売り込んでくれ」となります。

結局のところ、伝わればどちらでも構いません。

しかし、前提や暗黙の了解を前提にしたコンテクスト・コミュニケーションは、これからより使いづらくなるでしょう。

社会が単一で、画一的な場合は、コンテクスト・コミュニケーションで成立します。でもこれは言葉を換えれば、「ニュアンスで伝えている」ということです。そのニュアンスが理解できない相手には、具体的な内容（コンテンツ）で会話しなければいけません。

会食の日程や場所の調整をお願いするとき

×

小山商事の営業部長の中田さんと、あと、部下の丸山さん、上田さんが来月前半に、例の白山ホテルの会食に参加することになったから、よろしくね。

ただ、いつも使っているあの和食の店、人数が増えたら個室がとれるかな……今からだと厳しいかもしれない。でも、小山社長は白山ホテルに泊まる予定だし、会食が終わったらすぐに部屋に戻りたいと思うんだよね……。うまく調整してもらえるかな？

POINT

- 「よろしくね」だけだと具体的に何をしたらいいのか、迷ってしまいます。
- 「うまく調整する」のが何を指しているのか、伝わってきません。

The plain explanation(^_^)

来月前半の、白山ホテルでの小山商事との会食の件、営業部長の中田さんと、部下の丸山さん、上田さんも参加されることになって、合計10名になったから。その3人も入れて日程を調整して。

人数の問題で白山ホテルの「吉亭」が予約できなかったら、ホテル内で別の店を探してもらいたい。

POINT

- 「追加の3人も含めて日程を調整する」という要望が、正確に伝わっています。
- 「第1候補の店が取れなければ別の店を探せ」という、具体的な指示になっています。
- しかも、「ホテル内で」と限定されているので、候補を絞り込めます。

雰囲気で伝えるのは、限界がある

◉メラビアンの法則にまつわる誤解

説明することで人を動かそうとするとき、目を向けるべきなのは「コンテクスト・コミュニケーション」ではなく、「コンテンツ・コミュニケーション」です。雰囲気ですべての意思の疎通ができる達人になれば別ですが、通常はそういうことはあり得ません。

これに関連して、**世の中で大きく誤解されていることがあります。**

「コミュニケーションにおいて、言語（言葉）で伝わるのは7％」と語られることがあります。コミュニケーションには、「言語（言葉）」と「非言語（表情、声のトーン、スピードなど）」の両方があります。つまり、言語で伝える部分と非言語で伝える部分があるということです。

そして、「言語で伝わるのは、全体の7%しかない。重要なのは、非言語の部分。だから、非言語を磨きましょう」と教えられることがあるのです。

ただ、これは間違いなんですよね。

そもそも、この「言語が7%」というのは、アルバート・メラビアンというアメリカの心理学者が行った実験結果を根拠にしています。

その実験で人間の行動が他人にどのように影響を及ぼすかを調べたところ、

・55%が 視覚情報（見た目・表情・しぐさなど）
・38%が 聴覚情報（声のトーン・スピード・言い方など）
・7%が 言語情報（言葉そのものの意味・話の内容など）

だったそうです。この実験結果をもとにして、「スピーチの内容は、7%しか伝わっていない。残り93%は見た目や話し方で決まっている」と語られているわけです。

しかし、**この結果にはひとつの条件があります。それは、「言語」「視覚」「聴覚」についてそれぞれ矛盾した情報が与えられた場合に限る**、という条件です。

・怒りながら、「あなたのおかげです！」と言う

・にこやかに「それは納得がいきません」と言う

・自信満々の声で、「えっと、あなたが求めているレベルを実現できそうにありません」と答える

など、発信しているメッセージに一貫性がない場合に、言語・視覚・聴覚のどれから影響を受けるかを実験した結果が、

・顔の表情などから受ける影響が、55％

・言い方などから受ける影響が、38％

・言葉自体から受ける影響が、たったの7％

だった、ということです。

ただし、一方で **「一貫性がある場合」はこの法則は当てはまりません。**

・笑いながら、「あなたのおかげです！」と言う

・ムスッとした顔で「それは納得がいきません」と言う

・自信がなさそうな声で、「えっと、あなたが求めているレベルを実現できそうにありません」と答える

など、メッセージと態度に一貫性がある場合には、「言葉（文字）の内容は7％」とはなりません。むしろ、どんな言葉を発するかによって、相手が理解する内容は変わるでしょう。どんな場合でも言葉を使わないで声のトーンと顔の表情だけで、93％分のコミュニケーションができる、と言っているわけではないんです。

考えてみれば当たり前です。
言葉を使わずに会議はできません。
言葉を使わずに相談はできません。
言葉を使わずにスピーチはできません。

言葉を使わないコミュニケーションは、「私が言いたいことを、表情や声のトーンから察してください」ということと一緒です。通常の意志の疎通の場であれば言葉は重要です。というより、言葉こそが重要です。

コンテンツ（内容）を、誤解なく伝えられるのは、やっぱり言葉なのです。

「だから何？」と聞き返されないために

◉伝えたいことは最後まで説明する

わかりやすく伝えるとは、伝え手側が考えていること、希望していることが「わかりやすい」ということですね。つまり、〝伝え手の意図〟まで含めて、わかりやすく表現しないと意味がありません。

いくら体系立てて、整理して伝えても、伝えたい結論が遠まわしになっていたら伝わりません。そのためには、**「伝えたいことは、ストレートに」**を心がけなければいけません。これは表現の問題というより、それ以前の「意志表示」の問題です。

先ほど書いた通り、時代は、「コンテクスト・コミュニケーション」から「コンテンツ・コミュニケーション」に移っています。「なんとなく、よさげにやっといて。ほら、わかるよね」では、伝わりませんし、「雨が降ってきちゃいました……（迎えに来てくれないかなぁ）」では、真意は伝わりません。

会議で、次のような発表があったとします。

「顧客満足度調査の結果、当社の商品に満足している消費者は全体の45％でした。また、当社の営業担当者のうち、この結果を知っている人は、10％以下でした」

この文章は、日本語としては理解できます。しかし、「状況説明」だけで、伝え手が何を言いたいのか、この状況にどんな意味があると考えているのかがわかりません。「だから何？」と聞き返したくなります。

状況を説明すればわかってくれるだろうと思ってはいけません。自分の目的を明らかにしたうえで、**伝えたいことは最後まではっきりと口にすべきです**。

「顧客満足度調査の結果、当社の商品に満足している消費者は全体の45％でした。これは過去最低ですので、早急に対策を講じるべきです。

また、当社の営業担当者のうち、この結果を知っている人は、10％以下でした。社員の『お客様に対する関心のなさ』が顧客満足度低下につながっているとも考えられます。社員の意識改革が必要ではないでしょうか？」

とすれば、意図が明確になります。

また、会社の管理部から次のようなメールを受け取ったら、どう感じるでしょう？

「明日は、台風の影響で交通機関が乱れることが予想されますので、当社の社員は帰宅が困難になると思われます」

「帰宅が困難になることはわかりました。で、どうしろと？」と思うでしょう。「帰宅が困難になるから、明日は自宅勤務にする」のか「帰宅が困難になるから、あらかじめ覚悟しておきなさい」なのか、管理部の意図がわかりません。

「明日は、台風の影響で交通機関が乱れることが予想されますので、当社の社員は帰宅が困難になると思われます。各自の判断で、在宅勤務・早期退社を可とします」

というように「で、どうするの？」の部分まで書けば、誤解は生じないでしょう。

同じように**「お願い事項」もはっきりとさせなければいけません。**

たとえば、次の「依頼」を見てください。

「今週の定例会議は、会議室予約の都合で、通常より30分終了が早くなります」

意識しなければ、わりました、とそのまま流してしまいそうな文章ですが、厳密に考えると意図がよくわかりません。

「30分短くなってしまい申し訳ございませんが、ご了承ください」

「いつもより30分短いので、絶対遅刻しないでください」

「事前にある程度考えをまとめてきてください」

のどれなのか、といったことがわからないのです。

「ご了承ください」の意味であれば、参加者が特に気に留めなければいけないことがないので、実害はないでしょう。しかし、「事前にある程度考えをまとめてきてくださ い」というつもりだったら？　なかには準備してこない人もいます（というよりむしろ、この表現では準備してくる人のほうが少ないでしょう）。

でも「事前に30分短くなると伝えたはずですが？」と、相手を責めることはできないでしょう。お願いしたいことがあれば、ストレートに明言するべきなのです。

「よろしくお願いします」の落とし穴

◉〝なんとなく雰囲気で〟はNG

ビジネスメールでもよく、意図があいまいな例が見られます。

仕事でのメールでは、最後に「よろしくお願いします」と書くのが慣習のようになっています。ただ、ほとんどの場合、特に何かをお願いしているわけではなく、「では、さようなら」と書く代わりに「締めの言葉」として書いています。

単に「締めの言葉」として添えるのであれば、害はありません。しかし、**本当は何かをお願いしなければいけないときにも、「よろしくお願いします」あるいは「よろしくお願いいたします」で締めくくってはいないでしょうか？**

みなさんが次ページのメールを受け取ったら、何を言われたと解釈しますか？「先方に出した見積もりが受け入れられなかった」ということはわかるでしょう。です

▶「よろしくお願いいたします」だけでは意図は伝わらない

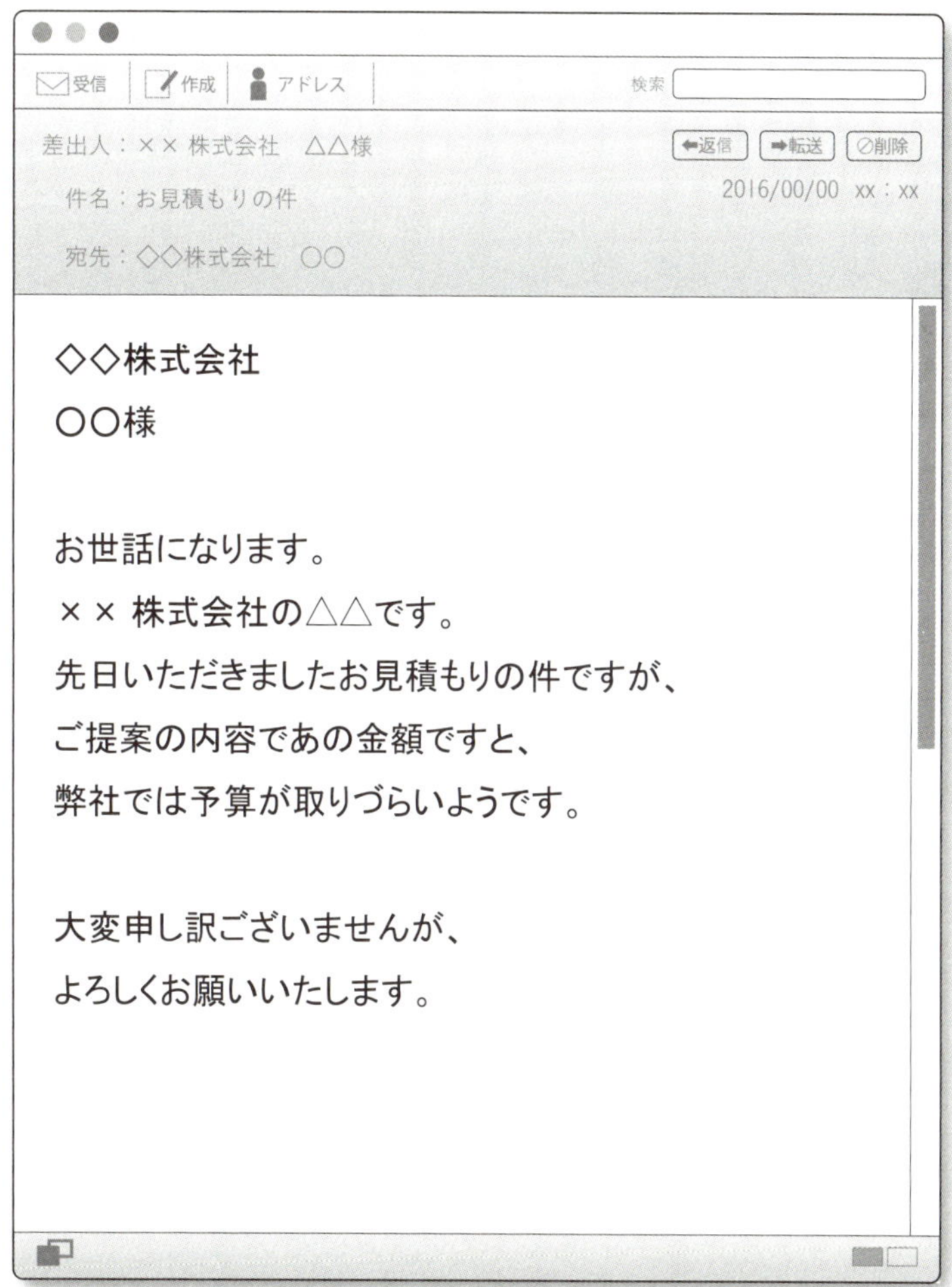

が、最後の「よろしくお願いいたします」の意味がわかりません。

・「あの金額ではだめだったので、金額を再検討してほしい」
・「提案の内容を再検討すれば、予算が下りる可能性があるので、企画書を再検討してほしい」
・「箸にも棒にもかからないので、もう諦めてください」

のうちのどれかを指していると思われますが、意図が伝わりません。

相手が「再見積もり」「提案書のブラッシュアップ」を希望していても、みなさんが「これは、諦めろということだな」と解釈したら、見積書・提案書を再提出せず、この取引は成立せずに終わるでしょう。

また、相手が「価格的に合わない。もうダメ」と伝えたつもりなのに、みなさんが「そうかぁ。価格的にはこれ以上無理だから、内容を工夫して再見積もりを出そう」と受け取ると、空気が読めない提案を続けてしまうことになります。

メールを送った側は「あの人はしつこい、何度言ってもわからない」と感じます。ところが、読み手は「言われていない」のです。

このようなわかりにくい書き方をすべきではありません。相手と日々やりとりをしていれば、意図を感じとってくれるかもしれません。しかし、伝わらない可能性も十分あります。

メールの内容はそれほど難しくはありません。しかし、非常に〝わかりづらい表現〟になってしまっています。

「雰囲気から察してくれよ」と思われるかもしれません。それは正しい指摘かもしれませんが、**より誤解がないように伝えることが「社会人としての義務」でもあります**。

雰囲気で伝わるだろう、と思ってはいけません。相手に依頼したいことがあったら、そのしてほしい行動を直接、言葉にして伝えなければいけないのです。

まぎらわしい言葉がブレーキに

◉解釈の違いが生まれないように配慮する

同じ単語で伝えれば、全員が同じように理解すると思ってはいけません。人によって解釈が異なることがあります。というのは、**そもそも言葉の定義というもの自体があやふやだからです**。

たとえば、「コミュニケーション」という言葉があります。

「コミュニケーションをうまく取ることが重要」というフレーズをよく聞きます。ところが、実際に「コミュニケーション」が具体的に何を指しているのかは、はっきりしていません。つまり、人によって解釈が異なるのです。

「コミュニケーション」を単に「会話」と捉える人もいますし、もっと深く考えて「お互いの意思の疎通」と考える人もいるでしょう。また「飲みニケーション」という言葉と重ねて、「飲みに行って愚痴や本音を聞くこと」を連想する人もいるかもしれません。

これでは仮に「社内のコミュニケーションレベルを上げる」という目標が立てられても、それぞれの社員が取る行動は別になります。

みなさんがグループのリーダーで、経営層から「各自が担当しているグループメンバーとのコミュニケーションを深めるように」とお達しが出たとします。このとき、言葉の解釈によって、みなさんが取る行動は違ってくるでしょう。

「コミュニケーション」＝「会話」と捉えたAさんは、喫煙室で積極的にメンバーに話しかけたり、一緒にランチを食べに行ったりしました。

「コミュニケーション」＝「お互いの意思の疎通」と解釈したBさんは、メンバー一人ひとりと面談し、仕事に対する考え方や将来の目標について意見を聞きました。

「コミュニケーション」＝「飲み会を通じていい雰囲気を作る」と捉えたCさんは、ひたすら飲み歩きました。

ところが、経営層が狙っていたのは、「会社のビジョンを、グループ内にしっかり浸透させること」でした。3人とも経営層からの通達を誤解していたのです。3人が独自の解釈でコミュニケーションをとっていた時間は、ムダとなってしまいました。

このような誤解が生じるのは、言葉が「具体的でないから」です。「何をするのか」が明確な言葉を使って説明されていれば、こういうことにはなりません。

では、どうすれば言葉を具体的にすることができるでしょうか?

結論から言いますと、次の2つのルールを守って言葉を使えば、具体的に伝えることができます。

- **動詞：具体的に行動できる動詞を使う**
- **形容詞&副詞：すべて数字に置き換える**

それぞれの用法を、次からの項目で詳しく見ていきましょう。

▶「コミュニケーション」という言葉の受け取り方は多種多様
会話
お互いの
意思の疎通
飲み会
A
B
C
「コミュニケーション」
を深めるように
会社のビジョンを
グループ内に
しっかり浸透させること

36

人を動かす表現の工夫 1

具体的に行動できる動詞を使う

◉「ちゃんとやっておけ」だけでは誰も動けない

ぼくらがいつも使っている動詞の中には、具体的な行動を表していない単語があります。たとえば、「ちゃんとやっておく」「うまく処理する」といった言葉です。ビジネスシーンではよく聞く「動詞」ですね。

ですが、この「ちゃんとやっておく」「うまく処理する」という動詞は、具体的な行動を何も表していません。そのため、**受け取り手によって解釈が変わります**。

「ちゃんとやっておくように」と言われても、予定通り納品することなのか、支社に連絡することなのか、在庫をチェックすることなのか、具体的になっていないと動けないでしょう。

このように複数の解釈ができる言葉を使う場合は、**具体的に行動できる内容／目指す状態をしっかり書くべきです**。たとえば、

・商品を7月15日までに、**お客様に届けておく**ように
・その施策が最も有効か**試算して**、**必要な経費を算出しておく**ように
・品切れが起こらないよう、**在庫を確保しておく**ように

といった言葉を使えば、誤解されることはないでしょう。

「うまく処理する」も同様に、「処理」が意味する内容を具体的にしましょう。もし「顧客からの注文を今まで通りもらえるように、さまざまな手を尽くしておけ」という意味だとしたら、

「顧客からの注文を継続してもらえるように、どのような対策が必要か考えて、実行に移そう。経費がかかる案についてはその都度相談して。これを今週中に行おう」

などと表現すれば、指示された側も、すぐに次のアクションに移れます。

イメージしていた通りに相手が動けば、結果的に自分もラクになりますし、物事がスムーズに、スピーディに動くようになるはずです。

37

人を動かす表現の工夫2

形容詞&副詞は数字に置き換える

◉自分のイメージと相手のイメージを一致させる

形容詞や副詞もまた、あいまいさが生じやすい言葉です。**形容詞や副詞はすべて数字に置き換えて伝えるようにしましょう**。

たとえば、

「来週、大人数の会議があるから、広い会議室を押さえておくように」

と、部下にメールで指示したとします。

しかしこれだけの情報では、部下はあなたがどのくらいの人数を「大人数」、どのくらいの部屋を「広い」と考えているのかがわかりません。プライベートのメールなど、厳密さを要求されない場合にはよいのですが、ビジネスシーンでは、形容詞はすべて数字に置き換えて書くべきです。

「来週、**25名前後の会議**があるから、**30人入れる会議室**を押さえておくように」

こうすれば、部下もあなたの意図通りに動くことができます。

このルールは副詞も同じです。

「明日はいつもより早く朝礼が始まります。また参加人数が増えたので、多めに配付資料を準備してください」

と言われても、「じゃあ、いつ朝礼に行けばいいのか」「配付資料は何部コピーすればいいのか」がわかりません。

「明日はいつもより10分早く朝礼が始まります。また参加人数が増えたので、20部多く配付資料を準備してください」

と言えば、一発でやるべきことが伝わります。

指示を出す前に、あいまいな言葉を使っていないか、どうしたら具体的に伝わるかチェックするクセをつけましょう。練習すればするほど、的確な指示を出せるようになります。

38

何も喋らずに相手を動かす

◉自発性を引き出す上級テクニック

ここまで、わかりやすく伝えて相手を動かす方法をご紹介してきましたが、**相手が自ら動くようにする**という上級者向けの方法もあります。

かつてぼくが勤めていた、サイバーエージェントの藤田晋社長は、会議などでもほとんど喋らないタイプでした。

決して怒っているわけではないのですが、自分からは話さずに黙っているので、社長室がシーンとしてしまいます。

それが耐えられなくなって、参加者は自らどんどん喋り出します。しまいにはまだ決定していないことでも「これからやります」と言ってしまったり……。そこで藤田社長は口を開いて「ウン、わかった。それをやって」と言うのです。

▶喋らずに相手の自発性を引き出す上級テクニック

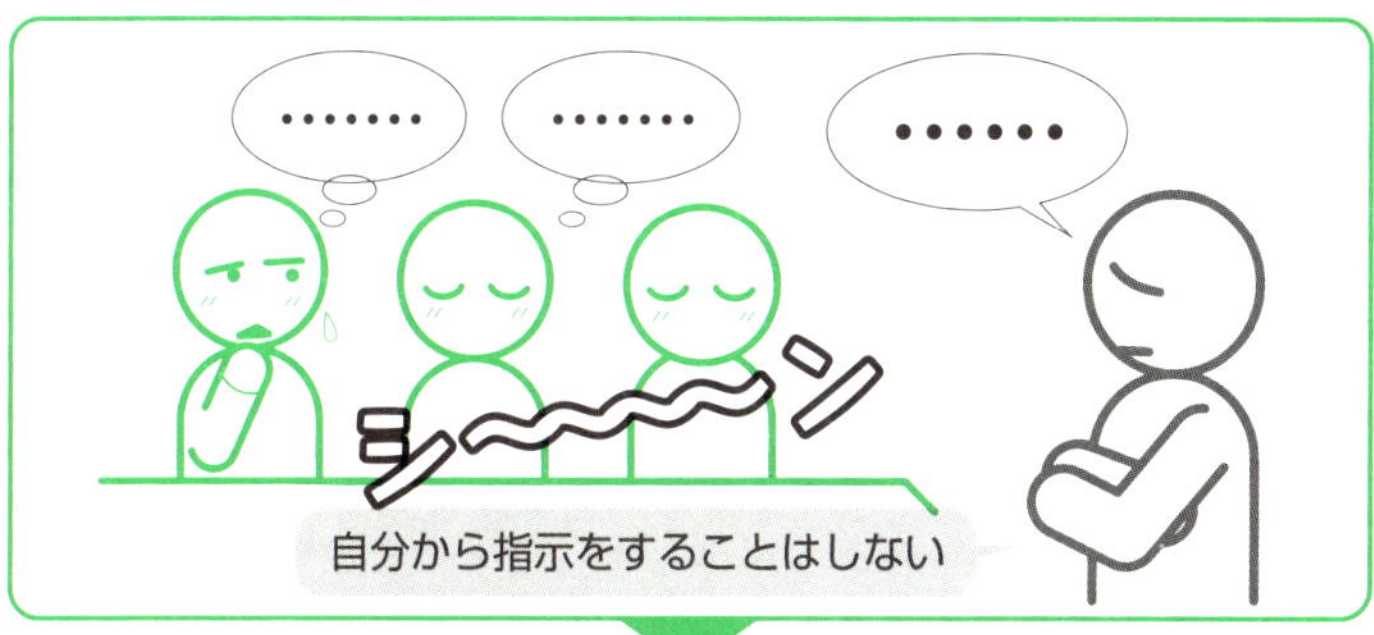

藤田社長はかつて営業マンだった時代に、売上成績トップだったそうですが、その頃も〝喋らない営業〟だったと言います。

藤田社長が喋らないから、クライアントのほうがいろいろ喋り始めて、結果的に、「じゃあ、やろうか」と自分から言い出すのだそうです。**こちらが黙っていることで、相手が自分から何かをしないといけない気になってくるのです。**

ただ大切なポイントは、藤田社長は自分から事細かに指示をすることはしませんが、相手から具体的にやるべきことを引き出し、決断は下しているということです。「では何をするのか」は明確になっています。

この章の2つめの項目でお話しした、途中でやたらと指示するものの、最終的なゴールが見えない別の元上司（152ページ参照）とは対照的です。

人を動かすのがうまいというと、言葉巧みに誘導する「人たらし」のイメージがありますが、口数が少なくても、相手を動かし、導くことはできるのです。

女性へのお願いは感謝→要望の順番で

◉表現を工夫して印象をコントロールする

女性の場合、男性と同じアプローチで接すると、円滑に進まないことがあります。149ページでお話ししたように、「わかる」には納得する、という段階があります。

男性は、「何をやる」という結論がわかれば動いてくれるという傾向があります。でも**女性は、その結論に至った理由がわからないと、納得して動けないという人も多い**ようです。その場合はテンプレップの法則のステップ4「その結論が正しいといえる理由」（94ページ参照）をしっかり伝えたほうがいいでしょう。

ただ、反感を持たれていると、いくら正論でも納得してもらえません。女性には、気持ちよく話を聞いてもらえるような気配りも大切です。

村上春樹さんが、**「言いたいことがあるときは感謝と期待で挟むといい」**とおっしゃっていました。

ぼくは女性スタッフに依頼するときは、指示や命令をしているという意識では行っていません。ボランティアでやってもらっているくらいの気持ちで接しています。メールで何かを頼むときも、「ありがとう」という言葉から書き出すようにしています。

また、**女性とのコミュニケーションは、「共感」が大切と言われます**。

ぼくは女性に対しては、なるべく敷居を作らないように心がけています。メールの文章でも「^^」などの絵文字や、語尾につけると文章が和らぐような「〜」「。。。」といった記号を多用しています。

メールの場合は、直接話をしているときよりも冷たい印象を与えがちです。メールで、テンション50くらいで言葉を投げかけても、相手には20くらいに伝わってしまうのです。ですから、テンション0で投げるとマイナスになってしまいます。

怒っていないのに怒っていると思われる、喜んでいるのに冷めていると思われる、といった誤解を避けて、意図がきちんと伝わるようにしたいものです。そのために、**メールでのテンションは意識的に上げる**必要があるのです。

注意するときのコツ

◉ダメ出しは後に引かないように、が鉄則

前ページの、メールのテンションに気を配るというテクニックは、何かをお願いするときだけでなく、注意をするときにも使えます。

ぼくが参考にしたのは、やはり、サイバーエージェントの藤田晋社長のメールです。藤田社長のメールは基本的にテンションが高く、目標達成の報告などをすると「すげえじゃん!!」という返事がきたりします。

ダメだと伝えるメールも、「うーーーーん、ダメ」などと書かれているので、受け取る側は萎縮しないですむのです。ただ「ダメ」とか「考え直せ」という文面だったら、心にグサッと刺さって動けなくなったでしょう。

ダメ出しは、相手を萎縮させるために行うわけではありません。もう一度考え直して、よりよいアイデアや提案を出してもらうことが目的なのです。

ぼくがこれまで出会ったなかで、もう一人注意するのがうまかったのが、リクルート時代の上司でした。その上司は、ぼくが何かミスをしたら、すぐにその場で明確に注意するのです。遅刻したらその場で「今月2回目だから次はしないように」などと言って、あとは何も言いません。

その瞬間に解決するように説明してくれるので、後に尾を引くこともなく、こちらも次は気をつけよう、と切り替えていけます。

ぼくもそれを見習って、スタッフの改善点を見つけたら、その場ですぐに伝えるようにしています。

もちろん、内心ザワザワすることもありますが、スタッフもわざとやっているわけではありません。うっかりミスなら、今後はそれを防ぐためにどうしたらいいかを話し合います。やり方を間違えているなら、これからはこうしてほしいと説明します。

感情的に怒るだけでは、何も解決しません。**直してもらいたいポイントをわかりやすく伝える**ことで、相手も次に向けて気持ちを立て直すことができるはずです。

▶後に引かないように上手に注意する方法

ワーク◎E

同僚（または部下）に何かを頼む、という設定で文章を書いてみてください。書いたら読み返して、「再現」しやすい表現になっているか、あいまいな表現はないか、見直してください。

第5章

短くても、的確に説明する

説明が長くなってしまうのはなぜ?

◉予想外のクレームへの恐怖

ここまでの章で、伝わりやすい順番で話を組み立て、言葉をわかりやすくかみ砕き、そして、人を動かす方法までをお伝えしてきました。

すでに十分、説明の技術は身についてきたと思いますが、最後にもう一度、点検していただきたいのが、その説明に「過不足」はないか、ということです。

この本では、端的に、スピーディに説明することを目指してきました。しかし**説明が不足していると、後からクレームなどが来て、その解決に時間がかかってしまう、**という問題が起きかねません。

以前、ハワイ旅行をしたときの話です。ハワイに限らないかもしれませんが、安いツアーで旅行に行くと、現地の免税店に連れていかれることがあります。旅行客を免税店に連れていくことで、ツアー会社が免税店から手数料をもらっているのでしょう。ハワイ旅行では、かなりの確率で免税店に立ち寄ります。

しかし、そのときは免税店に立ち寄りませんでした。すると、ツアー参加者の一人が「免税店に寄らないんですか？　困るんですけど」とクレームを言い始めたのです。彼女は、その免税店でおみやげをすべて買ってしまおうと思っていたようで、「寄ってもらわないと困る」とクレームをつけたのでした。

この光景が非常に象徴的だったので、帰国後、このツアー旅行の募集詳細を確認しました。そのツアー詳細には、「免税店に行く」とは書いてありませんでした。そして、「行かない」とも書いてありませんでした。つまり、ツアーの一環として免税店に寄らなくても、契約違反にはならないわけです。

これもまた、141ページでご説明した、**スキーマのズレによって起きた誤解**だといえます。

このように予想外のクレームが起きたとき、多くの人が、それ以降は「説明不足」「言葉足らず」が起きないようにしようと、よりていねいに、より親切に、より時間をかけて説明をします。

「あとから突っ込まれてしまうかもしれない」という不安が、説明をどんどん長くさせてしまうのです。

そのために旅行パンフレットの料理写真に、逐一「イメージ写真です」という注記をつけたり、契約前に詳細な長文の「重要事項説明書」に目を通すように求めたり、といった対応をします。

しかし、実はそれだとあまり意味がありません。往々にして、こうした長い「重要事項説明書」は飛ばし読みされてしまいがちです。また、根本的な解決にはなっていないため、結局新たなクレームが発生してしまうものです。

ここで問題となっているのは、単純に説明の長さ、短さではなく、**「認識のズレ」を埋める説明ができるかできないか**、なのです。

▶「長すぎる」「詳しすぎる」説明ほどスルーされやすい

認識のズレを埋める

◉クレームやトラブルを未然に防ぐポイントとは

以前、有名料理家が〝不適切な発言〟をし、ネットで炎上してしまいました。自身のレストランで、「水」が８００円であることを批判され、それに対し「いい水を出してるんだもん。１０００円や１５００円取るお店だってありますよ」と反論。その記事が大炎上してしまったのです。

彼の発言を問題視する専門家も多く、ある同業者が、その「水」の価値を分析し、「あのクオリティの水は４００円でも売られている。８００円は高いと言われても仕方がない」とコメントしていました。

ただ、この炎上騒ぎのポイントは、「いい水を出しているかどうか?」「その水の値段が８００円で妥当かどうか?」ではありません。

では、何が炎上の原因となったのでしょうか？

さらには**「水が800円であること」を、どのようにお客様に説明したら納得してもらえる**でしょうか？

この料理家のレストランについて、ネットの口コミサイトには、「注文していないのに、勝手に水を注がれ、800円取られた」と言う主旨の〝苦情〟が書かれていました。これがこの有名料理家の発言が問題であったことの本質です。

もしかしたら、高級レストランでは、「勝手に有料の水を注ぐ」のが当たり前なのかもしれません。そのためこの有名料理家は、水を注ぐことを前提にして、「1000円や1500円取るお店だってありますよ」とコメントをしたという見方もあります。

しかし、多くの日本人にとって、レストランで自動的に運ばれてくる水は無料です。当然、このレストランで水が注がれたときも、無料だと思ったでしょう。その水が有料だったから、クレームになっているのです。

仮にこの水が100円で、仮に店の仕入れ値よりも安かったとしても、苦情は発生します。値段の問題ではないのです。

「居酒屋のお通しだって、頼んでもいないのにお金がかかっているから一緒じゃない？」という反論もあるかもしれません。

しかし、お通しは、もともと客のほうでも「お金がかかるもの」と考えています。詳細を説明されなくても、お店と客の認識が一致していれば、クレームにはなりません。でも水は「無料」だと思っているので、ズレが発生します。

要するに、**自分の頭の中と相手の頭の中が違い、相手がまったく想定していない状況が起こっているからトラブルになる**わけです。メニューに「ミネラルウォーター800円」という表示があってもクレームは発生してしまうでしょう。その水がいかに高品質のものであるかという説明をていねいに表示しても、意味はありません。

水は注文されなければ出さない、水はないのかと聞かれたら、水は有料で800円であることを伝えるなど、**水を注ぐ前に口頭でしっかりと説明するのが、このケースで炎上やクレームを防ぐポイント**になります。

有料の水しかないと知ったら、客は不満を感じるかもしれませんが、少なくとも納得できないという事態にはならないでしょう。

過不足なく説明するには

◉先回りしてズレをなくす

ある商品を説明するときに、

「この商品は、機能A、機能B、機能Cがついています」

という文章で100%説明できたとします。つまりこれが〝正しい〟説明です。

しかし、相手の頭の中に「もちろん機能Dもついているよね」という思い込みがあったら、「説明不足だ!」と言われてしまいます。

ここで「以上ですべてですが、よろしいですか?」と聞いても、さほど効果はありません。なぜなら、さきほど説明したように、相手は「当然ついているだろう」と思い込んでしまっているからです。

運よく相手が「機能Dについて説明がありませんでしたが?」と質問してくること

もあります。しかし、その可能性はそれほど高くありません。それに、トラブルを防げるかどうかが「相手次第」になってしまいます。

説明不足をなくすために必要なのは、相手が思い込んでいる内容を先回りして推察し、「もしかしたら、こう考えているかもしれませんが、そうではありませんので、ご注意ください」と**明確に否定する**ことです。

「機能A～Cがついている」ということだけではなく、「機能Dがついていない」ということも伝えなければいけないのです。

「この商品には、電池はついていません」
「ランチセットにコーヒーはついていません」
「この保険は、生涯保障型ではなく、契約期間は1年だけです。毎年更新手数料がかかります」

など、相手の思い込みを否定し、「もしかしたら、そう思っているかもしれないけど、そうじゃありませんよ！」と伝える必要があります。

説明不足は、伝え手個人の態度や姿勢に問題があるとは限りません。ここまでお伝えしてきた通り、相手の「思い込み」と「実際」がズレているので、問題が起こるのです。

そのズレをリスト化し、「そうではありませんのでご注意ください」と相手に伝えましょう。それだけでも説明不足のトラブルは大幅に削減できます。

ただし、注意も必要です。極端なことを言うと、ありとあらゆることについて否定しなければいけなくなるのです。

「このランチセットには、コーヒーはついていません。おもちゃはついていません。テレホンカードはついていません。ポケットティッシュはついていません……」

といった具合に延々と注記が続くと、結局「ダラダラ説明」になってしまいます。

もちろん、そこまでする必要はありません。もし、**説明をする相手や顧客を特定できるならば、その人が誤解して思い込みそうな点だけ、否定すればいい**のです。

試しに自社の商品について説明する場合を考えてみましょう。どんな「ズレ」がありそうでしょうか?

本書で何度も出てきた**「相手本位」で考えることが、ここでも試されます**。

この相手だったらこう考えているかもしれない。もしかしたら、こういうような連想をしてしまうかもしれない……というふうに、相手を観察し、思考パターンや気持ちを察して判断をするのです。

また、クレームにも、大きなヒントが隠されています。**クレーム=「今まで誤解されていたこと」ですから、リスト化して社内で共有するのも有効な方法です**。

もうひとつおすすめなのが**「自分の業種や商品の名前　誤解」で検索してみる**ことです。たとえば「自動車保険　誤解」「ハワイ旅行　誤解」といったワードで検索してみます。そうすると、一般の人のブログなどが出てくるのですが、「一般の人はこんなふうに思っているんだ!」という発見がきっとあるはずです。一般の人と業界内の考えのズレが見えてくるので、ぜひお試しください。

説明が足りない、説明しすぎる、どちらもうまく説明できていない状態です。あなたの説明が、目の前の相手に届くかどうかが、一番大切なことなのです。

▶説明のズレをなくす対策はいくつかある

●クレームのリスト化

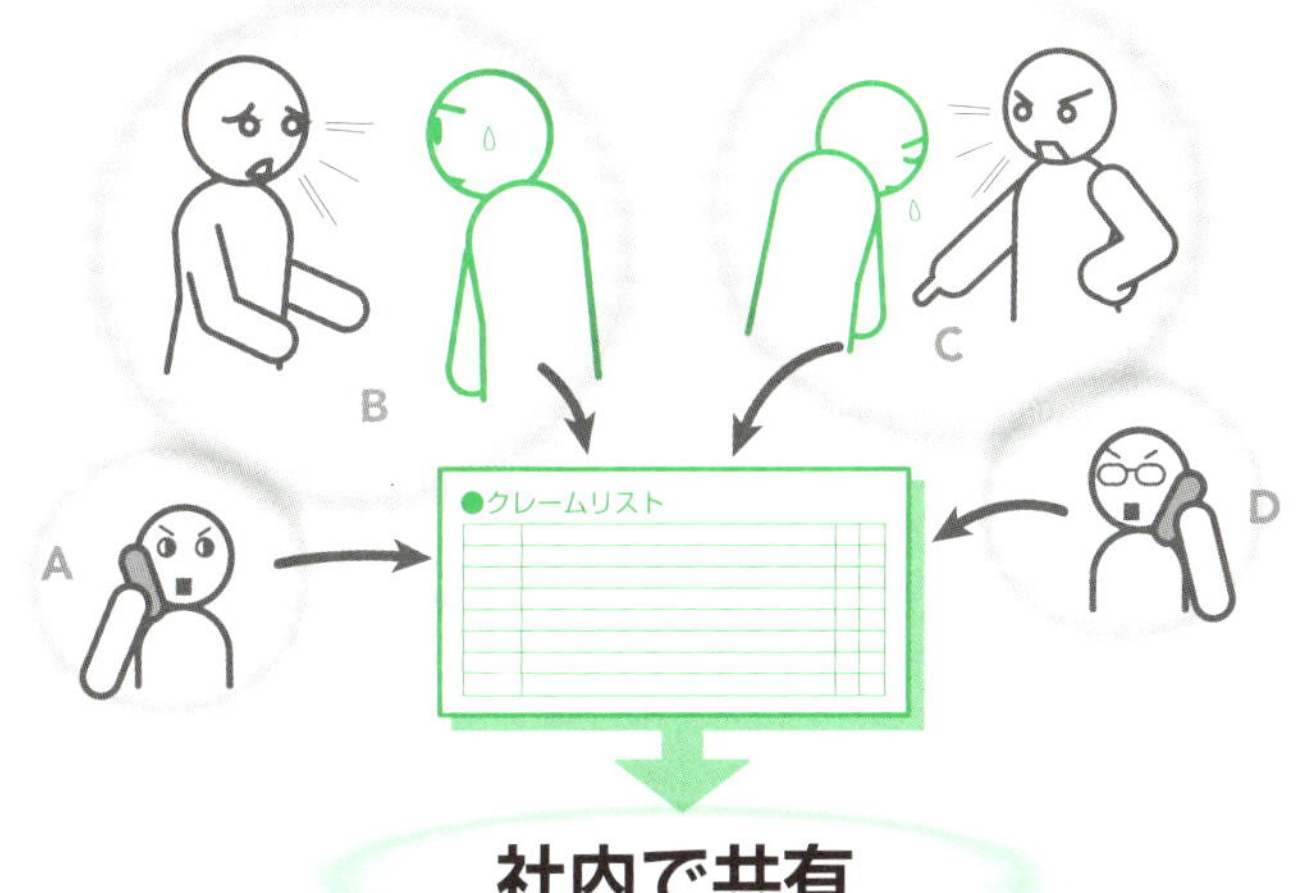

●「自分の業種や商品の名前　誤解」で検索

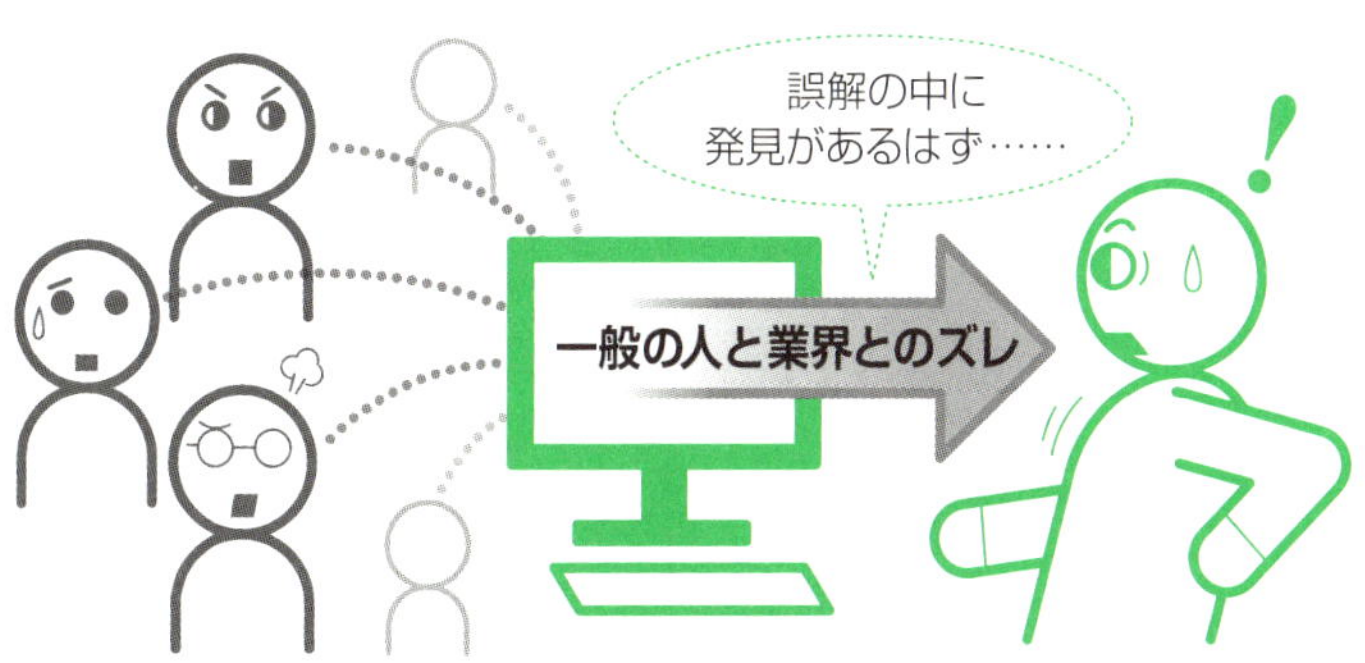

メールは1行でもOK

◉用件が押さえてあれば、短くても伝わる

一般的に、説明がくどくど長くなりがちなのが、メールです。

ぼくの場合、**メールは文字量を減らすために、意識的に箇条書きにしています。用件以外の余計なことは、書かない**ように気をつけています。

第4章で登場した**サイバーエージェントの藤田晋社長も、メールは1行**というタイプでした。

「木暮へ」とも書かないし、「藤田です」とも書きません。たいていは、「こうしておいて」とか、「それでOK」とか、それだけしか書いていないのです。

それでも「何の話をしているか（テーマ）」と「何をしたらいいか（結論）」は明確だったので、まったく問題はありませんでした。

よく気を使って挨拶の文章などを書いている人がいますが、基本的にはいらないと思っています。

もちろん、初対面の相手や、敬意を表す必要がある場合など、ＴＰＯに合わせて儀礼的な文章が必要な場合もあります。でも、何度もやりとりをしている相手や、同じ社内の人にまで季節の挨拶を書かなくてもいいはずです。

ぼくは「お世話になっています」というフレーズもあまり使いません。なぜ、口頭であまり言わないのにメールだと書くのだろうと、不思議に思っています。

同様に**口頭では「様」は言わないので、宛名は「さん」にすることが多い**です。ただ、相手との関係性によっては違和感が強く出てしまうこともあるので、そういうときは「さま」とひらがなにしていますが。

形式的な挨拶に注意するよりは、相手の時間を奪わないように、シンプルに要点を伝えることに気を配るほうが大事だと思っています。

かつてよくあったのが、件名が「こんにちは」になっているメール。

今、この件名のメールが来たらあなたはどう思うでしょうか？　知らない相手なら、迷惑メールの可能性を考えるでしょう。知り合いだとしても、意図のわからないメールは困惑しますし、後からメールを探すときにも不便です。

もちろん雑談のメールだったら、いいのです。しかし仕事のメールなら、件名だけでメールの内容が伝わるようにするほうが親切というものです。後で「あの件のメールを読み返したい」となったときも、検索しやすくなります。

73ページで、まずテーマを話の冒頭に持ってくるという話をしましたが、メールで冒頭にあたるのは、件名の部分です。ぼくがスタッフに送るメールは、**件名ですべての内容がわかる**ようにしています。

たとえば、「明日の15時からの会議はキャンセルでお願い」を件名にすれば、本文は「よろしくね」の一文だけでも文意は伝わるのです。

▶著者が編集者と取材についてやりとりしたメールの文例

< 初対面の後に著者が送った 1 回目のメール >

山西さん

お世話になります。
今日はありがとうございました。

取材日程ですが、21日（土）の午後はいかがでしょうか？
場所は、渋谷駅の近くだとありがたいです。

ご検討よろしくお願いします！

木暮太一

初対面の後、最初にやりとりするメールでも、臆せず「さん付け」にしたほうが距離感は縮まります。

とはいえ、最初なので念のため「お世話になります。」は入れています。

（編集者から、取材の開始時間について質問メールが届く）

<2 回目のメール >

ご連絡遅くなりました！

渋谷駅近くで、13 時半スタートでお願いしたいです。
17 時半くらいまでは大丈夫です。

取り急ぎ、ご連絡まで。

木暮太一

2 回目のメールでは「~さん」も省略。「!」付きで、親近感を表現しています。

「よろしくお願いします。」もあえて使いません。

（編集者から、取材場所の選定について質問メールが届く）

<3 回目のメール >

あまり知らないので、山西さんが普段使われているところでお願いします～^^

木暮

3 回目のメールは2 行だけ。絵文字も付けて、ショートメール感覚で、ムダな文字と時間を省きます。

署名も「木暮」だけ。何も入れないケースもあります。

ちゃんと書いても伝わるとは限らない

◉「あいまい」で「長い」メールは厳禁

ここで練習問題です。

次ページに載せたのは、「きちんと説明をしているつもりなのに、思ったように返事が返ってこない」と悩んでいる方が出したメールです。急ぎの案件なのに返事がなかなかこなかったり、複数の用件を伝えているのに一部の用件にしか回答しない人が出てくるそうです。なぜだかわかりますか？

このメールの文章自体は、日本語として間違っていたり、わかりにくかったりするわけではありません。最大の問題は、要求があいまいなことと、メールの長さです。

まず、タイトルに「経理部の加藤です。」とありますが、これだけだと重要性や緊急

▶「相手にどうしてほしいのか」わからないメールの文例

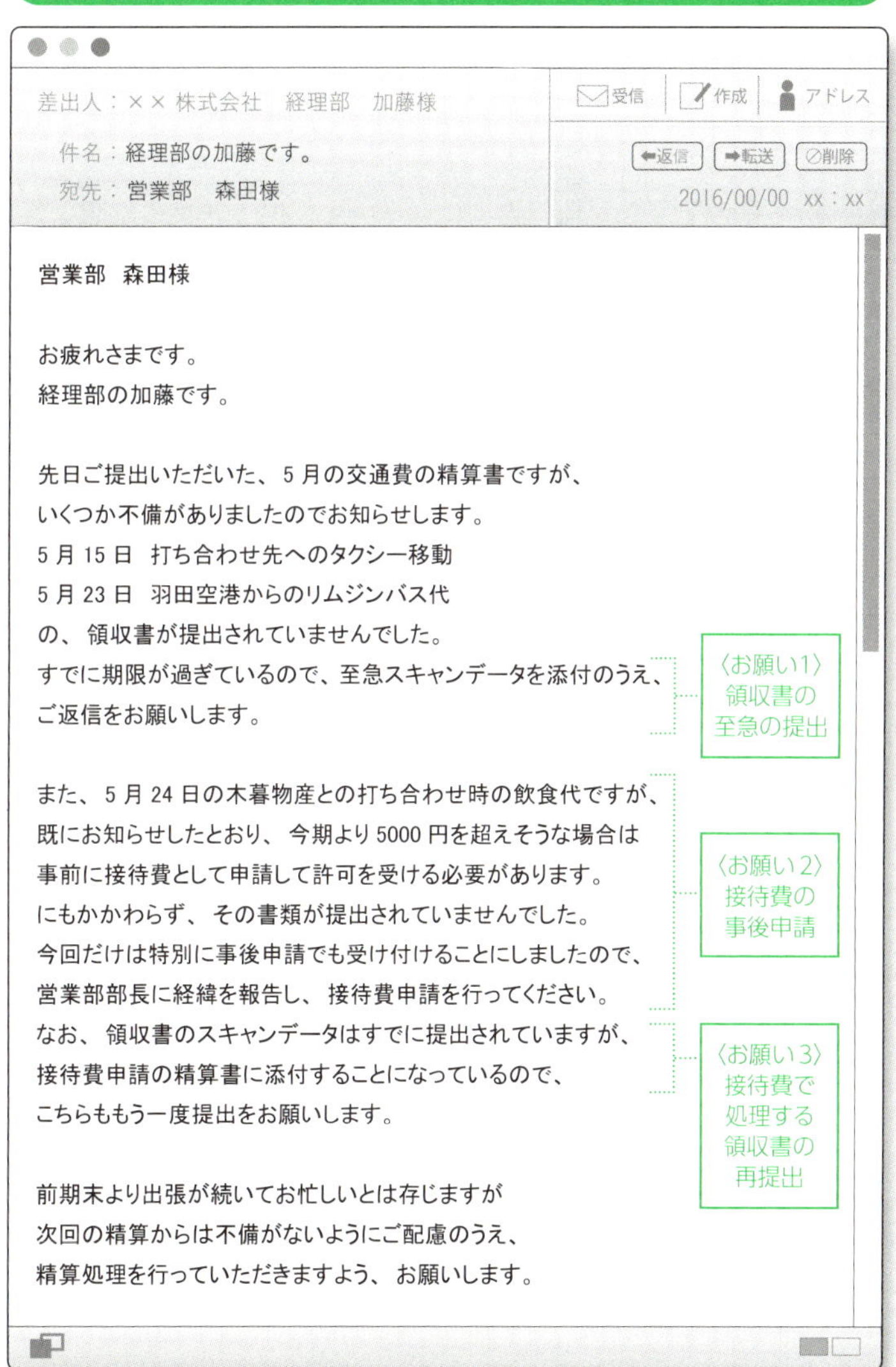

差出人：×× 株式会社　経理部　加藤様

件名：経理部の加藤です。

宛先：営業部　森田様

受信　作成　アドレス

返信　転送　削除

2016/00/00　xx：xx

営業部　森田様

お疲れさまです。
経理部の加藤です。

先日ご提出いただいた、5月の交通費の精算書ですが、
いくつか不備がありましたのでお知らせします。
5月15日　打ち合わせ先へのタクシー移動
5月23日　羽田空港からのリムジンバス代
の、領収書が提出されていませんでした。
すでに期限が過ぎているので、至急スキャンデータを添付のうえ、
ご返信をお願いします。

〈お願い1〉領収書の至急の提出

また、5月24日の木暮物産との打ち合わせ時の飲食代ですが、
既にお知らせしたとおり、今期より5000円を超えそうな場合は
事前に接待費として申請して許可を受ける必要があります。
にもかかわらず、その書類が提出されていませんでした。
今回だけは特別に事後申請でも受け付けることにしましたので、
営業部部長に経緯を報告し、接待費申請を行ってください。

〈お願い2〉接待費の事後申請

なお、領収書のスキャンデータはすでに提出されていますが、
接待費申請の精算書に添付することになっているので、
こちらももう一度提出をお願いします。

〈お願い3〉接待費で処理する領収書の再提出

前期末より出張が続いてお忙しいとは存じますが
次回の精算からは不備がないようにご配慮のうえ、
精算処理を行っていただきますよう、お願いします。

性が伝わらず、後回しにされる恐れもあります。

ぼくなら件名に「要返信」、「3月15日までに要返信」といった言葉を入れます。

また、メールは見たものの、長すぎて文面を読み飛ばしてしまう人もいるでしょう。この忙しい時代に、ダラダラ続く文章を読まされるのはストレスです。だから一部の回答が戻ってこないという現象が起きるのです。

日頃からそそっかしくて、いつもメールの返答が不十分な〝常習犯〟に対しては、メールは特に短く、端的にまとめます。

前ページのメールはお願いする事項が3つあります。それなら、**「【要返信】お願い1」「【要返信】お願い2」というふうに、3回に分けてメールを送ります。**挨拶文や、くどくどした説明は要りません。シンプルに「○○さん、お願いが3つあります。1～」、次のメールでは「2～」。ほとんど片言でもいいのです。

こちらが思っているほど、相手は自分の文章を注意深く読んでいるわけではありません。「Messenger」や「LINE」を使っている感覚で、端的に、用件がズバっと伝わるようにしましょう。

▶長いメールは分割して件名には意図を明記しよう

受信 作成 アドレス 検索
差出人：×× 株式会社　管理部　○○様 ⇐返信 ⇒転送 ⊘削除
件名：【要返信】お願い 1 2016/00/00 xx：xx
宛先：◇◇株式会社　○○

○○さん、お願いが3つあります。1～～～

受信 作成 アドレス 検索
差出人：×× 株式会社　管理部　○○様 ⇐返信 ⇒転送 ⊘削除
件名：【要返信】お願い 2 2016/00/00 xx：xx
宛先：◇◇株式会社　○○

2～～～

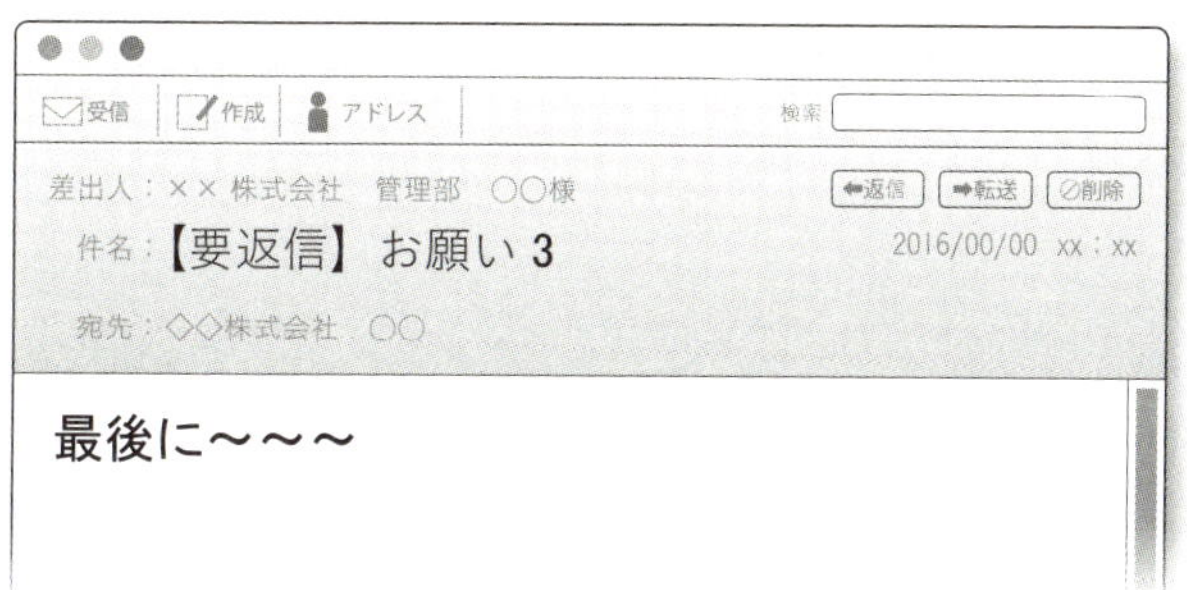

ワーク◎F

ワークDやワークEで書いた文章を、もう一度読み返してください。説明する相手のことを考えて、必要のない説明、不足している説明はないかチェックしてください。

◎おわりに

空気を読む力よりも、説明する力を磨こう

コミュニケーション力について、子どもに身につけてもらいたい能力は、各国で違うようです。

わかりやすいところで、日米で比較すると、日本では、相手の気持ちがわかる子に育ってほしい、ちゃんと話を聞く子になってほしいという意向が強いようです。

一方、アメリカでは、違います。アメリカでは、自分がしてほしいことが何か明確に言える子になってほしい、自分の意見を言える子どもになってほしい、という意向が強いです。

言葉を変えると、**情報の受信力を高めたいと思っている日本と、情報の発信力を高めたいと思っているアメリカ**、と言えるのではないかと思います。

これはもちろん、社会の中で醸成された〝望み〟で、どちらがいいということではありません。ただし、社会が多様化していくと、「話を聞くこと（情報を受信すること）」以上に「話を伝えること（情報を発信すること）」が重要になっていきます。

情報が伝わらなかったとき、その責任の所在をどう考えるのかは、その社会、組織、もしくはその個人の関係性によって違うと思います。

ただ、大きく考えると、「話を聞いている人が理解できなかったことに責任がある」と考える〝受信者責任〟と、「伝える側が伝えられなかったことに責任がある」と考える〝発信者責任〟に分けられます。

日本は長らく〝受信者責任〟に重きが置かれていました。学校で授業が理解できないのは生徒のせいでしたね。企業内でも、情報の受け手に責任が求められることが多々ありますし、ぼくもそういう経験をしてきました。

もちろん、情報の受信者に、まったく責任がないのではありません。やはり聞く姿勢や集中力に問題があれば、どんなにわかりやすく話してもらっても、理解が足りなくなるでしょう。ただ、このような類の話で「聞く側が、ちゃんと確認しなかったのが悪い」と主張できるのは、そもそもの前提認識・共通認識がある場合のみです。

これからの時代、文化も違えば、言語も違う、意識も好みも全然違う人材とやりとりしていかなければいけません。

さきほど「アメリカでは、自分の意見をはっきり言える子どもになってほしい、という意向が強い」という話を紹介しました。アメリカのような多種多様な人間がいる社会では、〝受信者責任〟よりも、〝発信者責任〟を意識せざるを得ないのでしょう。

相手が伝えたいことを頑張って理解しようとするのはとても大事なことです。コミュニケーション研修でも「聞く姿勢（傾聴力）」は重要な項目に位置づけられています。

ただし、当たり前ですが、聞いているばかりでは意思の疎通はできません。受信力（聴く力、質問力、理解力、理解するにあたっての前提知識・状況把握）を鍛えるだけで、社会で生きていく力が身につくかというとそうではありません。

受信力だけでなんとかなるのは、課題が与えられ、その与えられた課題に自分一人で取り組めばいい場合のみです。受験勉強は、その最たる例です。

繰り返しますが、これはこれで重要です。

しかし、この受信力を重視するあまり、発信力がないがしろになっていないかと感じる場面が多々あります。「ないがしろになっている」という以上に、自分が言いたいことが言えない、自分の意図を的確に伝えられない人が非常に多いのでは、と思うのです。

学校教育も、いろいろな点で変化しているとはいえ、情報を発信する力を育成する授業はほとんどないのが現状です。そのまま社会人となって、果たして変化の早いビジネス環境で問題を処理したり、さまざまな人とコミュニケーションを取りながら業務を遂行したりできるのでしょうか。

自分が思っていることを自らの言葉で他人に伝えられなければ、周囲に置いていかれてしまいます。

そのことに危機感を覚え、この本を書きました。

この本を読んでくださったみなさんが、的確な説明力を身につけ、今よりもっと社会で活躍されることを願っています。

著者

【著者紹介】
木暮　太一（こぐれ・たいち）

◉――作家、一般社団法人教育コミュニケーション協会代表理事。慶應義塾大学経済学部を卒業後、富士フイルム、サイバーエージェント、リクルートを経て独立。学生時代から難しいことを簡単に説明すること、頭の中を言語化することに定評があり、大学時代に自作した経済学の解説本が学内で爆発的にヒット。現在も経済学部の必読書としてロングセラーに。

◉――相手の目線に立った話し方・伝え方が、「実務経験者ならでは」と各方面から高評を博し、現在では、企業・団体向けに「説明力養成講座」を実施している。フジテレビ「とくダネ！」レギュラーコメンテーター、フジテレビ「ネプリーグ」、NHK Eテレ「ニッポンのジレンマ」「テストの花道」などメディア出演多数。

◉――著書に『「自分の言葉」で人を動かす』（文響社）、『カイジ「命より重い！」お金の話』（サンマーク出版）、『今までで一番やさしい経済の教科書』（ダイヤモンド社）など多数があり、累計135万部。

■一般社団法人教育コミュニケーション協会　http://educommunication.or.jp/

大事なことを一瞬で説明できる本　〈検印廃止〉

2016年6月20日　第1刷発行

著　者――木暮　太一

発行者――齊藤　龍男

発行所――株式会社かんき出版

東京都千代田区麹町4-1-4　西脇ビル　〒102-0083

電話　営業部：03(3262)8011㈹　編集部：03(3262)8012㈹

FAX　03(3234)4421　振替　00100-2-62304

http://www.kanki-pub.co.jp/

印刷所――ベクトル印刷株式会社

 ISBN978-4-7612-7183-1 C0030